スマホ社会と紙の本

TAKAHASHI fumio
高橋文夫

論　創　社

はじめに

フランスの人類学者クロード・レヴィ＝ストロースは、カリブ海に浮かぶ仏領マルティニック島とプエルトリコで、それぞれラム酒製造工場を訪問した時のエピソードをこう紹介する。

マルティニック島で、私は鄙《ひな》びて、管理なども厳格でないラム製造所を幾つか訪ねたことがあった。……これとは対照的にプエルトリコで、砂糖きび産業の一切をいわば独占している会社の工場で私が見せられたのは、白いエナメル塗りの貯蔵槽とクロームメッキのコック（蛇口）の景観だった。それでいて、滓《かす》のこびり付いた、古びた木の大樽のそばで味わったマルティニック島のラムは、口あたりがよく香りもあり、一方、プエルトリコのラムは平凡で粗野だった。（『悲しき熱帯』Ⅱ　川田順造訳　中公クラシックス）

プエルトリコのような近代化や文明化による最新鋭のタンクや配管設備の製造工程が好ましい結果を生むとは限らない、むしろ酒かすが分厚くこびりついた古い大樽を使って昔ながらの製法で造られたマルティニック島のラム酒の方が、よほど口あたりがよく味わい深かった、と言い切るのである。

私たちのふだんの暮らしでも、古びた設備や昔ながらの方法で作られたものやサービスが脇に押しやられ、新鋭の装置や新しい方法で生まれた商品やサービスに気圧《けお》されることが増えてきた。「酒かすがこびりついた古い大樽から造られた（マルティニック島の）ラム酒」ではなく、「新鋭の装置から生産されたものの、平凡で味わいに乏しい（プエルトリコの）ラム酒」のように、一見ピカピカの最新鋭の装置や道具によって生み出される安手なモノやサービスが、私たちの生活でもがぜん目につくようになった。

画一・均質化され、規格・標準化された商品やサービスが大量に効率よく作り出され、販売される。資本主義の効率優先の体制のもとであれ、権威主義の圧政のもとであれ、基本は大きく変わらない。

グローバル化や効率化優先のもと量産され量販された商品やサービスが大手を振って地球上をまかり通るようになった。そこにデジタル化やネット化も加わった。

品数やサービスのメニューもそれによって増え便利になり、重宝する面があるのは確かだ。しかし、古いものから新しいものへ移り変わった後で目にするのは、多くの場合、画一・均質化され、規格・標準化された商品やサービスである。

都市に暮らすとは、……自分という存在に沁みつく古里の風土に根付いたという意味での土着的なものを喪失しつつ発見する過程でもある。……個々の土地には他とは異なる固有の凸凹があるのに、……それが〈グローバル化〉の〈効率化〉や〈標準化〉という強力な刃によって、……さらに無残に削られている。……土地はどこに行こうが似たような顔つきになり、人と人、人と世界とのあいだの風通しをよくしていた〈余裕〉や〈遊び〉が〈無駄〉として切り捨てられる。（読売新聞「故郷の凸凹を愛おしむ」二〇一五・一・二〇）

芥川賞作家の小野正嗣は受賞の感慨とともに、昨今の「画一化」や「均質化」についての印象をこう記した。

このようにして画一化や均質化が進む最近の状況は、ストロースが明かしたカリブ海のラム酒のエピソードと、底において通じる。

もう一人、同じく芥川賞受賞作家の藤原智美は、「近代の理想は……人が〈個〉として自立することだといっていいかもしれない。しかし現実は、国家やその末端としての家族、地域社会への帰属意識を半ば強制されてきた。……そこへ突然現れたのがネット社会。近年、急に〈つながり〉〈絆《きずな》〉という言葉を耳にするようになった」が、社会にいまあふれる「絆」や「つながり」ということばにどこかうさんくささを感じる、と指摘する。

言い分はこうだ。

そもそも人々は、孤独に耐える力、個を自立させる力を書きことばに求めたのではなかったのか。……書くことは思考であり、その思考を深めること、継続することで、生きのびる力を得ることができる。……いま社会は対話やコミュニケーションを、生きるうえでの最良の力として喧伝《けんでん》している。……しかし現代はむしろ他者との対話より、書きことばによる自己との対話こそがたいせつだ。……書きことばとは突き詰めると、自己との対話であり、思考である。……孤立した思考世界で自己と対話することは、ネットではなく本でなければできない。そこには〈つながらない〉価値がある。(『ネットで〈つながる〉ことの耐えられない軽さ』文藝春秋)

画一化や均質化が進む世の中で何よりも大切なのは自分との対話であるとし、対話の相手は、決してネットやSNS(交流サイト)ではなく、あくまでも書きことばを綴った「本」であると見定め、紙の本の役割や機能を率直に評価する。

本には、さまざまの顔がある。

思いつきさえしなかったアイデアや発想が書かれていて内容が面白く、まったく知らなかったことがふんだんに盛り込まれていて、時が経つのを忘れてしまうほど自分を没入させ、虜《とりこ》にしてくれる。

本の著者がおこなったこと、考えたこと、楽しかったこと、思い悩んだこと、目の前が真っ暗になったことなどが、小説や随筆、評論として展開され、読者として生々しく追体験できる。本来ならあり得ない奇想天外な冒険や恋物語、思いがけない出会い、避けられない離別などが、言葉によって巧みに紡《つむ》がれ紙上に繰り広げられる。――いずれも捨てがたい。

しかしいま最も強く本に期待したいのは、デジタル化やネットワーク化の「画一化」・「均質化」の荒波に翻弄《ほんろう》され押し流されかねない読者の個性や独自性を防波堤として守ってもらえないか、ということである。

読者を紙面に没入させ、自己との対話を繰り広げさせることで、読み手の個性や独自性を維持しさらに磨きをかけるような存在であってほしい――本には何よりもまず、そう望みたい。

本書ではこのような本の幾つもの顔立ちを意識しながら、

（1）「読者が本を好むのは、本に〈アフォーダンス〉があるからではないか」
（2）「本はそれぞれ、読者の人生行路と密接につながる個別性に富んだ〈里程標〉となり得る」
（3）「読書や本は、ストレスに煩わされず居心地がよい場所の〈サードプレイス〉とめっぽう相性がよい」――

といった本の三つの特性を中心に取り上げ、本が読者とどう関わり合っているのかメスを入れる。

デジタル化やネット化が進むにつれて、「未整理の大量の情報が私たちにそのまま押し寄せるようになった」「デジタル化にともない、私たちの回りは画一化、均質化で埋め尽くされようとしている」「ネットに寄りかかる度合いが高まるにつれて、スマホ中毒などネット依存症の弊害が見受けられるようになった」——等が明らかとなりつつある。

デジタル化にともなう個人の画一化、均質化とは何か。

例えば、SNSやプラットフォームなどの進展につれて、私たちは日頃「くもの巣」のようなネット（網）に巧みにからみ取られ、組み込まれて、それぞれが受・発信するネットの単なる結節点（ノード）になりかかっている。

ノードとしては、本人のクッキー、つまり最低限の属性さえわかれば十分であり、不要な個別性や独自性、感情や情緒などは、そこからきれいさっぱり排除され、抹殺される。

ネットのノードやらマイナンバーやらで、個性や独自性をすっかり喪失しつつある「個人」——はたして、それでいいのだろうか。

活字・デジタルの両メディアはいま、一つの峠にさしかかっている。

峠で、既存の活字メディアが坂を上《のぼ》り詰めようとする一方、新興のデジタルメディアが頂《いただき》を極めようと急坂を上《あ》がって来つつある。

活字・デジタル両メディアが並存するような状況のなかで、デジタルメディアに抗《あらが》いつつある活字メディア、つまり本は読者の個性や個別性にどのような影響を及ぼし、どのような印象を与えているのか。デジタルメディアが頂に到達する前に、読者の立場からそれらの子細をしっかり書き記しておく必要があるのではないか。

あくまでも読者、つまり本を読む現場の目撃者の「証言」として、活字メディアである本と読者の関わり合いをすくい上げ、できるだけ手を加えず書き留めておきたい。

その際、本、雑誌、新聞、ウェブなどの諸資料から引用する場合に出所を明確にするのはもちろんのこと、その内容をできる限りそのまま引用符（「 」）や二字下げの文章のなかに収まるよう試みた。

参考文献は、それが読者にとって本の読書案内にもなれば、とできるだけ多く列挙するよう努めた。

スマホ社会と紙の本　目次

第3章　紙の本をどう評価するか

第4章　ネット時代に本とどう付き合うか

第5章　電子書籍化の流れ

第6章　ネット時代、本に望む

第7章　本を超えて

スマホ社会と紙の本

未来を切り拓《ひら》く　栄輔・奈於ら若い世代に

第1章　読書体験

1　『田舎教師』『生れ出づる悩み』『宮本武蔵』『冒険児プッチャー』……

「四里の道は長かった。その間に青縞《あおじま》の市の立つ羽生の町があった。田圃にはげんげが咲き豪家の垣《かきね》からは八重桜が散りこぼれた。……羽生からは車に乗った」——自然主義作家田山花袋の『田舎教師』の書き出しである。青縞の市とは、地元名産の藍の織物市を指す。家が貧しくて上への進学をあきらめざるを得ない青年林清三は、小学校の教師になるため羽生（現在埼玉県北東部にある羽生市）に赴く。

文学への見果てぬ憧れと明日への向上心を胸奥に抱きながらも、次第に田舎教師としての単調な明け暮れに埋もれていく。

なじみの薄い地方の風物や土地の人々との交わりのなかで、多感な青年の気概はいつしか薄れ、病も得て、挫折に追い込まれる。

「四里の道は長かった」の短い一文は主人公のそれからの境涯をも暗に示す。

本編は「現代日本小説大系」（河出書房）第一一巻に徳田秋声の『足迹《あしあと》』とともに収められている。

手元にあるこの本の表紙はすでに黄ばみ、本を載せた用紙もすっかり茶色く日焼けしている。一連のシリーズは白地にあずき色の背表紙をあしらい、思わず手を伸ばしたくなるような当時としてはしゃれた装丁だった。

どうしてなのか「現代日本小説大系」の本はほかにも、芥川龍之介『トロッコ』・菊池寛『忠直卿行状記』（第三一巻）、川端康成『雪国』・横光利一『紋章』（第四六巻）がいまでも残っており、これらの三冊は幾度かの部屋替えや転居をなんとか生きながらえ、いまでもほこりをかぶったままわが家の本棚の片隅にひっそりたたずんでいる。

奥付を見ると刊行されたのはいずれも昭和二五年（一九五〇年）前後と古い。乱暴に扱うと綴じがばらばらになりかねないほど痛みがはげしい。

懐に余裕がある時にそれぞれ一冊ずつ購入したのか、奥付の近くに買った日付とともに、「神田神保町にて」「池上こほろぎ堂で」といった書き込み、つまりマルジナリアが残っている。

『田舎教師』を読んだ頃は、有島武郎の『生れ出づる悩み』も購読していた。著者の中学一年当時である。生涯で初めて買った文庫本が岩波の『小さき者へ　生れ出づる悩み』だった。

何処からともなく海鳥の群れが、白く長い翼に羽音を立てて風を切りながら、船の上に現れて来る。猫のような声で小さく呼び交わすこの海の砂漠の漂浪者は、さっと落して来て波に腹を撫でさすかと思うと、翼を返して高く舞い上り、やや暫く風に逆らってじっとこたえてから、思い直したように打ち連れて、小気味よく風に流されて行く。……今まで花のような模様を描いて、海面の処々に日光を恵んでいた空が、急にさっと薄雲ると、何処からともなく時雨のような霰《あられ》が降ってきて海面を泡立たす……

荒れても晴れても、毎日々々、一命を投げてかかって、緊張しきった終日の労働に、……飯を食って一生を過ごして行かねばならぬ漁夫の生活、それには聊《いささ》かも遊戯的な余裕がないだけに、命とかけがえの真実な仕事であるだけに、言葉には現わし得ない程尊さと厳粛さとを持っている。……その姿を見ると、君は人間の運命のはかなさと美しさとに同時に胸をしめ上げられる。

……（『生れ出づる悩み』）

画を描く恵まれた才能を持ちながらも、漁夫としての日々を送らざるを得ない若者の相克と懊悩《おうのう》——。

有島は短編『生れ出づる悩み』をこう結ぶ。

君が一人の漁夫として一生を過ごすのがいいのか、一人の芸術家として終身働くのがいいのか、僕は知らない。それを軽々しく云うのは余りに恐ろしい事だ。それは神から直接君に示されなければならない。僕はその時が君の上に一刻も早く来るのを祈るばかりだ。／そして、僕は同時に、この地球の上のそこここに君と同じ疑いと悩みを持って苦しんでいる人々の上に最上の道が開けよかしと祈るものだ。……
ほんとうに地球は生きている。生きて呼吸している。この地球の生まんとする悩み、この地球の胸の中に隠れて生れ出ようとするものの悩み――それを僕はしみじみと君によって感ずる事が出来る。それは湧き出で跳《おど》り上る強い力の感じを以て僕を涙ぐませる。／君よ！　今は東京の冬も過ぎて、梅が咲き椿が咲くようになった。太陽の生み出す慈愛の光を、地面は胸を張り拡げて吸い込んでいる。春が来るのだ。／君よ、春が来るのだ。冬の後には春が来るのだ。君の上にも確かに、正しく、力強く、永久の春が微笑めよかし……僕はただそう心から祈る。
（著者注／は改行）

『生れ出づる悩み』は新潮文庫にも収められていて、その解説には「（本書は）貧しい階級に生れた有為多感な青年が、……〈日の要求〉にかたく縛られ、多感であるだけに、親兄弟や世間との絆をガムシャラに断ち切ることもできず、告げようのない苦しみを苦しむという主題からいって、藤村の『破戒』や、……花袋の『田舎教師』につながる」（本多秋五）との指摘がある。当時、『田舎教師』は『生れ出づる悩み』と同じような類型の本として手に取ったものと思われる。

その頃は手当たり次第に何でも読んでいた。

夢中になっていたのが、徳冨蘆花の『自然と人生』（民友社、現在岩波文庫にあり）である。

秋冬風《しゅうとう》全く凪《な》ぎ、天に一片の雲なき夕《ゆうべ》、立って伊豆の山に落《お》つる日を望むに、……日の山に落ちかかりてより、其全く沈み終るまで三分時を要す。……日更に傾くや、富士を初め相豆の連山次第に紫になるなり。日更に傾くや、富士を初め相豆の連山紫の肌に金煙を帯ぶ。……伊豆の山已《すで》に落日を銜《ふく》み初《そ》めぬ。日一分を落《お》つれば、海に浮べる落日の影一里を退く。日は迫らず、寸又寸、分又分、別れ行く世をば顧み勝ちに悠々として落ち行く。已にして残り一分となるや、急に落ちて眉となり、眉切れて線となり、線痩せて点となり、――忽ちにして無矣《なし》。（相摸灘の落日）

雨後、庭桜落ちて雪の如し。檐溜《たんりゅう》にも点々として浮べり。檐溜を浅しと云うことなかれ。その碧空を懐に抱けるを見ずや。檐溜を小なりと云うことなかれ。青空も映り、落花も点々として浮かび、桜の梢も倒《さかし》まに覗き、底なる土の色をも見《し》めす。……（檐溜）（著者注　檐溜＝雨や溶けた雪の水たまり）

十二歳の夏、京都栂尾の寺に避暑したることあり。寺の下に一道の清流あり。……日盛りに、二三の友と近所の村に行きて西瓜《すいか》を買い来り、之を渓流に冷やすと称して、或《あるい》は岩上より抱い

て躍《おど》り、或は争い奪わんとして互いに水を溌《はっ》し狂い廻れば、……水は窃《ひそ》かに緑玉塊を奪い去って浮《うき》焉《ぬ》没《しずみ》焉《ぬ》流し行く。……（夏の興）

書をひらけば、そこには思わず口ずさみたくなるような美文調の文章のなかに、都会っ子が求めようにも得ることの困難な「自然」と「人生」がふんだんに散りばめられていた。

岩波文庫を手にする前までは、雑誌「少年倶楽部」（講談社）に載った南洋一郎の『怪盗ルパン奇巌城』、『シャーロックホームズの冒険』『バルーバの冒険』『吼える密林』『緑の金字塔（ピラミッド）』に心を奪われた。南洋一郎とは「野口英世」などの偉人伝を数多く書いていた池田宣政のもうひとつのペンネームである。

ご多聞にもれず、吉川英治では『神州天馬侠』『ひよどり草紙』『龍虎八天狗』といった少年向けの小説にとどまらず、『宮本武蔵』『三国志』『新・水滸伝』などを読みふけった。

これらの吉川作品はいまほとんど、電子版「青空文庫」で自由に無料で読むことができる。

江戸川乱歩の『怪人二十面相』『少年探偵団』『妖怪博士』など一連の少年探偵小説が講談社の「少年倶楽部」に連載され単行本になったなかで、『青銅の魔人』はライバル誌である光文社の「少年」に載り、後に単行本化された。

ほこりをかぶった本といえば、「少年クラブ」（「少年倶楽部」から太平洋戦争後に改名）の別冊付録『冒険児プッチャー』もなぜか手元に残っている。はがきサイズほどの小冊子で、表紙はちぎれかけて半分ほどしか残っていない。

作者は横井福次郎。空想科学漫画「不思議の国のプッチャー」「冒険児プッチャー」を「少年クラブ」に連載、大胆で柔軟な発想や、のびのびしたイラストが読者の人気を博していた。

未来科学漫画として手塚治虫の『鉄腕アトム』に先駆けるものだったが、横井はその才能を惜しまれながら三十六歳で夭折している。

少女向け小説もよく読んだ。吉屋信子の『花物語』『からたちの花』『あの道この道』『毬子』など、姉が友だちから借りてきた本を、返すまでに読ませてもらうのである。類まれな物語作家として知られる吉屋信子だけに、少女小説とはいえ男の子が手にとってもその巧みな筋立てに飽くことはなかった。

活字でさえあればなんでもよい――そんな時代だった。むさぼるように本を読んだ。

宮沢賢治の『貝の火』『よだかの星』『風の又三郎』『銀河鉄道の夜』、小川未明の『赤い蠟燭《ろうそく》と人魚』、長じるにつれて、中勘助『銀の匙』、萩原朔太郎『月に吠える』、海外では『嵐が丘』『ジェーン・エア』『赤と黒』『ダブリン市民』『ジャン・クリストフ』『カラマーゾフの兄弟』『モンテ・クリスト伯』『U・S・A・』、小品ながらシュティフター『水晶』、……。

印象に残る本は目白押しだ。

文芸評論家の江藤淳は自らの若き日々の読書体験についてこう書いている。

私は幼い頃から読書を好んだ。ほかのどの遊びより、読書が自分の存在を忘れさせてくれたからである。……私は今でも、それらの書物が並べられた自分の本箱をありありと思い描くことができる。毎晩、電燈を消してから眠りにおちるまでの短い間に、私はそれらの書物を一冊ずつ思い浮かべては、充ち足りた感情にひたった。本は顔立ちを持っていた。(「旅と犬と生活と」『江藤淳著作集』続四　講談社)

本を読む、つまり読書とはどういうことか。
こんな表現がある。

読書=(研究調査や受験勉強の時などと違って)一時《いっとき》精神を未知の世界に遊ばせたり、人生観を確固不動のものたらしめたりするために、(時間の束縛を受けることなく)本を読むこと。寝ころがって漫画本を見たり、電車の中で週刊誌を読んだりすることは、勝義の読書には含まれない。(新明解国語辞典第六版　三省堂)

独特の言い回しや説明で知られる「新明解さん」だけあって、言い得て妙である。

読書について国内外の先人が言い表した例を幾つか見る。

書物を読むということは、そこにかかれた表現をたどり、著者の精神的な生活を、追体験することをさしている。……わたしには、人間が昆虫の観察のために一生を費やしうるのだということを（ジャン・アンリ・ファーブルの）『昆虫記』を通じて知った。……そこには鋭利な分析的な文体と、なめるように対象を観察したものにしかありえない感覚的なイメージがあり、その背後に、うずくまって虫を観察している充実した孤独な老人を視たような気がした。（吉本隆明『吉本隆明全集』六　晶文社）

（読書により）間に合わせの知識の助けを借りずに、他人（著者）を直に知る事こそ、実は、ほんとうに自分を知る事にほかならぬ……。人間は自分を知るのに、他人という鏡を持っているだけだ。……文字をいちいち辿り、判断し、納得し、批評さえし乍ら、書物の語るところに従って、自力で心の一世界を再現する。（小林秀雄『読書について』中央公論新社）

独作家のヘルマン・ヘッセは読書家として東西に知られるが、本人は神学校を中退したあと、高校や大学には進まず、学校教育に代わる教養は本を読んで身につけたとされる。

この世のどんな書物も／きみに幸せをもたらしてはくれない。／だが　それはきみにひそかに／きみ自身に立ち返ることを教えてくれる。（『ヘッセの読書術』フォルカー・ミヒェルス編　岡田朝雄訳　草思社）

仏作家マルセル・プルーストは「私たちの少年時代の日々のなかで、生きずに過ごしてしまったと思い込んでいた日々、好きな本を読みながら過ごした日々ほど十全に生きた日はないのかもしれない」と若き日を振り返る。（『プルースト評論選Ⅱ』保苅瑞穂編　ちくま文庫）

作家マルセル・プルーストは読書を、人間が本来ならば遭遇することも理解することもなく終わってしまう幾千もの現実に触れることのできる、一種の知的〝聖域〟と考えていた。読書しているあいだ、私たちは自分の意識から抜け出して、他人の意識に入り込むことができる。読書によって、自分とはまったく異なる他人の知識の視野を体験し、自分と同一視し、ついには短時間ながらもその視野を共有できるプロセスを移入して……（主人公らの）心のひだを理解するという経験をしたら、けっして元のままの自分に戻らない。……他人の意識を直接体験することにより、私たちは自分自身の考え方に共通性と独自性があることを悟る——自分は一個の人間であるけれど、一人きりで生きているわけではない、そう悟るのである。（メアリアン・ウルフ『プルーストとイカ　読書は脳をどのように変えるのか？』小松淳子訳　インターシフト）

本によって得られるもの、言葉としてはあまり使いたくないものの、言ってみれば「本の効用」が、そこには過不足なく描かれている。

2　日経文化面　篠田節子、群ようこ、……

日経朝刊最終面の文化欄は紙面づくりに定評がある。菊池寛賞を受けた実績もある。その文化面の日替わり随筆に、篠田節子、群ようこといういまを時めく女流作家二人のエッセイが二か月ほどの間をおいて連続して載った。

題名はそれぞれ、「ペーパーレス」、「紙の本と電子書籍」と似通う。

お二人は一九五五、五四年生まれと一つ違いの同世代に属す。

篠田節子は「ペーパーレス」(二〇一二・一一・七)で、電子書籍を読んだ体験について専用の読書用端末を利用したこともあり「目は格段に楽になった。採光の良くない場所でも快適な読書ができ、持ち歩きに適」してもいる、とまずは電子書籍を評価する。

だがいろいろ試してみてわかったのは、確かに字は読みやすいものの、電子書籍は「どうやっても資料本には使えない」ことだった。

「導入部から起承転結を追って読み終わる小説のような線の読書はともかく」として、「構造を理解し情報を吟味する面ないしは立体の読書となると、電子書籍は甚だ使い勝手が悪い」という。

紙の本だと、「論旨のまとまりを捉えるのに、たとえば提示された事例が、本の厚みのどのあたりのページ、どのあたりの面に位置しているか、といった空間的な記憶が、（中身を）理解することに関係しているようなのだ」と、紙の本と電子書籍の違いを挙げる。

群ようこは文化面の日替わり随筆で、「紙は手触りが感じられるし、それぞれの本には匂いもある。装丁も重要な要素で、眺めるだけでも楽しい」と紙の本について述べ、「それが触っても暖かみのないタブレットやスマホのつるっとした表面に替わってしまうのは、読者としても悲しいことだった」と「紙の本」の読者として率直な感想を記す。（「紙の本と電子書籍」二〇二一・一・一六）

さらに群は篠田と同様に、電子書籍の場合だと「気になった文章をあとから探そうとしても、どこにあったのかわからない。……ただひたすら平面の電子版の場合は……、目当ての文章がなかなか見つからずにひと苦労」する、と指摘する。

本を読んでいる場合は指先を少しずつ滑らせていくにつれ、抑えている本の残り頁が徐々に減っていくのを身体感覚でつかめるものの、電子版だと、文章を読んでいてもいったい自分がいま全体のどのあたりを読んでいるのかはっきりしない、紙の本を読んでいる自分自身を含めてすべてを鳥瞰し位置づけできるが、「電子版ではそれが難しい」と付け足す。

それよりも何よりも、「パソコンで（新刊の文芸書の）見開きのページを読みはじめたのはいいが、文章がまったく頭に入ってこないのには自分でも驚いた。ただ目が字面を追っているだけ」（群）

でしかなかった。篠田と同様、「どうやっても資料本には使えない」というのである。もうそれ以上読み進められないと観念した群は、紙の本を買い直して、なんとか読了にこぎつけたという。

もちろん「電子書籍にもたくさんの利点はある」（群）し、「無限大の空間と整理のための途方もない労力を必要とする紙資料の保管に変わるものとして、電子媒体は文明と文化の継承に不可欠であることは間違いない」（篠田）だろうが、その一方、電子書籍を手にしてはじめて明らかになった紙の本のいくつかの利点を軽んじるわけにはいかない、というのがお二人がともに抱いた印象だった。

3　『いつもそばに本が』『本は、これから』の場合

『いつもそばに本が』（ワイズ出版）は朝日新聞読書面（一九九三～二〇〇四）に掲載された同タイトルのコラムを取りまとめ二〇一二年に出版された。

登場するのは、田辺聖子、城山三郎、野坂昭如、丸谷才一、小松左京、井上ひさし、古井由吉、吉本隆明、鶴見俊輔、河合隼雄、水木しげる、新藤兼人らざっと七十三人。作家、評論家だけではなく、学者、マンガ家、映画人などの幅広い分野から、それぞれの立場で本との出会いについて書き綴っている。

岩波新書の『本は、これから』（二〇一〇）は池澤夏樹編、「あなたにとって『本』とはいったい

何か、……書店・古書店・図書館・取次・装丁・編集、そして練達の書き手・読み手の位置から、鋭いアンテナの持ち主たちが応える」（カバー袖）とし、「みんな『本』を愛している！　三十七人が思いを馳せる、書物と人間の未来形」として、本への親しみの気持ちや思い入れをそれぞれの筆者が書き記している。

晶文社から出ている紀田順一郎編『書物愛』（日本編）（海外編）は、一般の書物愛好家というよりはむしろ書痴を取り上げている。書痴とは「書物の収集に熱中している人、ビブリオマニア」のことであり、本のごくふつうの愛好家とはやや異なる。

『いつもそばに本が』『本は、これから』を中心に、筆者と本の関係がそれぞれどのようなものであったかを見ていく。

『いつもそばに本が』から。

ここでも目立つのは、やはり「モノとしての本」に言葉が多く及んでいることだ。

思えば生まれてこのかた、「いつもそばに本が」ある環境ばかりを彷徨《さまよ》いつづけて、今日にいたってしまった。（矢川澄子）

私の叔父は生まれついての全盲だったので、本は他人の声を聴くか、指で読んでいた。父は本をノート代わりにして、いろいろ書き込んでいた。読書は多様な体験の仕方があるものだ。／これらのことは、読書が身体知覚に強く結びついたものだということ……を告げている。（松岡正剛）

私の本棚の片隅にボロボロの本が三冊ある。背表紙は剥がれ、表紙もセロテープでかろうじてつなぎとめられている。……黒っぽいザラ紙の本である。十六、七歳の私が手にした時にもすでに古本だった。日曜の午後二階の部屋にこもる。……寝ころがって障子の光で読む。寒い雨の日なら雨戸を閉めてスタンドをつけた。夢中に読む。……二十年もたって……或る晩、……本棚を探ってみると、その本があるではないか。開けば若い手の書き込みも見える。（古井由吉）

池澤夏樹が編纂した『本は、これから』はほぼ同じ時期の二〇一〇年に、岩波新書として発行された。本の趣《おもむき》は似ている。

編者の池澤は、「読者が本に求めるのは内容であって紙の束としての存在ではないはずだ。……その一方、その形あるところに人は愛着を覚えたりする。手の中の重さ、指に触れる紙の質感、匂い、活字本の場合は紙の表面のかすかな凹凸、古い本ならば天に積もった埃、それを防ぐべく施された天金の褪せた輝き……／つまりフェティッシュとしての本」「周辺に置いた道具や素材がみなデジタルになって重さを失ってゆく時に、どうして肉体が保てるだろう。／本の重さは最後の砦かしれない」と指摘する。

「電子書籍の第一の難点は『どこを読んでいるかわからないことである』」と説くのは内田樹。

電子書籍の場合、「確かに頁をめくると『パラリ』と音がしたり、ページがたわんだり……と、紙の本を読んでいる状態を疑似的に体験できる。だが、残り何頁であるかがわからない。……自分がどの部分を読んでいるかを鳥瞰的に絶えず点検することは読書する場合に必須の作業である」と、「モノとしての本」の特質を強調する。

「岩波新書『物理学はいかに創られたか』は七〇年を経てもなお読み継がれている。簡明にして神髄をつき、図版は少しだけだが含蓄に富む。……いつ手にとっても新しい発見がある。もはや黄ばんでしまった紙がいっそう私を招いているように思える」と印象を述べるのは物理学者の池内了。

「モノとしての本」――いずれの場合でも、読者はそれによって、さまざまの形で生涯忘れることがないほどの強い印象を受け、そのときの知覚や触感も消え失せることなく尾を引くようにして残っているのがうかがえる。

なぜそうなのか。

そこには紙の本としての特性、つまり「本のアフォーダンス」が大きくかかわっていると推し量る。

「本のアフォーダンス」とは何か。次の章で詳しく見てみよう。

第2章　本の三つの特性

1　本のアフォーダンス――なぜ本が好きなのか

「アフォーダンス」とは

篠田・群の感想や『いつもそばに本が』『本は、これから』に寄せられた「ものとしての本」への印象や感懐、思い入れを手がかりに、本の特性を三つほどに絞り、紙の本と電子書籍との違い等について掘り下げる。

まず、本が持つ「アフォーダンス」。

米認知心理学者ジェームズ・J・ギブソン（一九〇四―一九七九）は、一九六〇年代に「人や動物の行為と周りの環境の間にはアフォーダンスと呼ぶ関係性がある」という「アフォーダンス理論」を唱え、一躍注目を集めた。

アフォーダンスとは「そこに生活する人や動物に環境がアフォード（提供する）価値や意味」のことである。

手元の辞典（研究社『リーダーズ英和辞典』）によると、動詞アフォード（afford）はキャン（can）やビー・エイブル・トゥ（be able to）と同義語で、「与える、提供する、供給する、〜する余裕がある、費用を負担できる経済力がある、時間や金を割くことができる」を表す。

英語特有のわかりづらい言葉なので、例文を見る。

アフォードには、

（1）「〈The window〉 affords a〈splendid〉view of the sea.（〈窓から〉〈素晴らしい〉海の眺めを見ることができる）」（ポケット・オックスフォード英語辞典＝POD）といった使い方がある。窓からの素晴らしい眺めの海を見るのは人だが、眺望はもうすでにそこにお膳立てされ、用意されている、という意味合いがある。英語の文章では主語は「ヒト」ではなく、あくまでも「モノ」の The window（ウインドウ）だ。

このような文例もある。

（2）「The tree affords some shelter from the sun.（木が日よけになる）」（Oxford Advanced Learner's Dictionary of Current English）木が太陽の光をさえぎってくれる、という意味。英文上の主語はあくまでも木である。

さらに次のような使い方もある。

（3）「The sea affords fish.（海で魚がとれる）」

海で魚が釣れるのはひとに釣る能力があるからではなく、海が魚を与えてくれるからなのだ。ただし、海が魚を贈呈してくれるわけではない。すると、海釣りができるのは、海が「ここは釣れまっせ」という情報を与えてくれるからだということになる。（澤野雅樹・早稲田大学人間

科学部教授「特集アフォーダンス」「現代思想」一九九四-二号　青土社）

海に魚がいるという情報をもとに、おもむろに人が釣り糸を垂れ、釣果を得る――魚が海にいるという情報は外部環境によってアフォード（提供）されており、人はただその情報を汲み取って魚を釣り上げる（だけ）という構図である。英語上の主語はあくまでもThe seaだ。

これらのアフォードに関する三つの英文例に共通するのは、主語がいずれも「モノ」であり、人や動物が見出す「価値」や「意味」は環境のなかですでに「モノ」として存在しているということである。人はただアフォードされたものを見つけ環境の中から取り出すだけにすぎない。

英語の動詞アフォードにはそれを基にしたアフォーダブル（affordable）という形容詞はあるものの、アフォーダンス（affordance）という名詞はない。

著者のギブソン自ら「この言葉（名詞のアフォーダンス）は（動詞アフォードをもとに編み出した）私の造語である」と解き明かしている（『生態学的視覚論』）。

環境から提示され、行為者つまり人や動物に特定の行為の可能性を与える情報、それが「アフォーダンス」である。

アフォーダンスとは具体的にはどのようなものか。

ギブソンは主著『生態学的視覚論』でこう論述する。

陸地の表面がほぼ水平（傾斜しておらず）で、平坦（凹凸がなく）、十分な広がりをもっていて、その材質が堅いならば、その表面は支えることを「アフォード」する。それは支える物の面であり、我々は、それを〈土台〉、〈地面〉あるいは〈床〉とよぶ。……それゆえそれは上を歩くことも、走ることもできる。……支えの面が、もし地面よりも膝の高さほど高ければ、その面はその上に坐ることをアフォードする。我々は一般にはそれを〈坐るもの（シート）、つまり椅子〉とよぶが、……〈スツール〉、〈ベンチ〉、〈チェアー〉等ともよぶ。

アフォーダンスの幾つかの身近な例を見てみよう。

適当な大きさと重さをもった細長い対象は、振り回すことをアフォードする。……堅い物質の……さきのとがった細長い対象は、穴をあけることをアフォードする。もしそれが大きいものなら、〈槍〉であり、もし小さければ〈針〉や〈錐《きり》〉である。……大変重要な手で持つ道具は、それが面に適用されたときに痕跡を残し、それゆえ痕跡を作ることをアフォードする……。この道具は、〈鉄筆〉、〈画筆〉、〈クレヨン〉、〈ペン〉、あるいは〈鉛筆〉であり、描画のため、文字を書くため風景を写生するため、言葉を特定するために用いられる。

ギブソンが強調するのは、人間や動物が環境のなかに見出す価値や意味は、「良いものであれ、悪いものであれ、環境が動物に提供し用意したり備えたりしているもの……であり、これらの特性は……不変で、知覚されるべきものとして常にそこに存在する」ということである。人間や動物が能動的に行動を起こして獲得したというよりは、もともと環境のなかで提供され実在しているアフォーダンスが取り出されたものにすぎず、「実はかぎりない可能性を持つ全体としての環境が、(人や)動物に先んじて存在している」ということなのである。

人や動物に先んじて存在している、というのは、例えば次のようなことだ。

子どもと大人の膝の高さは同じではないから、例えば大人にとって腰かけるのにつごうがよい木づくりの台があったとき、大人は〈椅子〉としてそれに座ることができるが、子どもには腰をおろすのはむずかしく、むしろ足を乗せる〈踏み台〉として使うことがありうる。その木づくりの台ははじめから椅子や踏み台として決まっているのではなく、使う人によってはじめて椅子であるか踏み台であるかが決まる。

同じ台が変わったり姿を変えたりして、椅子や踏み台になるのではない。同じ木づくりの台のままであり、何も変わらない。

つまり「アフォーダンスは個体や種にとって固有であり、その行為者と環境との関係で測定されるものだ」(三嶋博之・早大人間科学部教授「〝またぎ〟と〝くぐり〟のアフォーダンス知覚」『心理学研究』一九九四‐第六号)ということになる。

ギブソンはアフォーダンスについて、台地などにしっかりくっついて動かない「付着対象」の固形物のアフォーダンスと、形と一定の重さがあり持ち運びできる「遊離対象」の固形物のアフォーダンス、の二つに分けて考える。

適当な大きさの〈付着対象〉は、サルが木の枝をつかむように、霊長類にそれをつかむことを可能にする。……このような対象は、しっかりつかめるものであり、また登ることができる。……（それに比べて）道具は非常に特殊な〈遊離対象〉である。それは握ることができ、また、持ち運ぶこと、操作することができるもので、普通は固いものである。

彫像とか映像、ものが書き込まれた面は、……媒質を通しての知識をアフォードする……彫像や絵画、文書などは、かたち造られた物質や人の手が加えられた面がなくならない限り、情報を保存し、いわば文明という倉庫の中の情報の蓄積を可能にしている。

文書や書物などの書かれたものについて、ギブソンはこうした記述以上には詳しく触れていない。いささかのみ込みにくいギブソンのアフォーダンスを持ち出して、こと細かに説明してきたのは、実は「紙の本」が「〈遊離対象〉であるアフォーダンスを持つ道具」の一つに当たるのではないか、と想定するからである。

私は今でも、それらの書物が並べられた自分の本箱をありありと思い描くことができる。……本は顔立ちを持っていた。（江藤淳）

論旨のまとまりを捉えるのに、……本の厚みのどのあたりのページ、どのあたりの面に位置しているか、といった空間的な記憶が中身を理解することに関係している。（篠田節子）

紙は手触りが感じられるし、それぞれの本には匂いもある。……内容はもちろん、外側も愛《め》でられる。（群ようこ）

読書が身体知覚に強く結びついたものだということ……を告げている。（松岡正剛）

その形あるところに人は愛着を覚えたりする。手の中の重さ、指に触れる紙の質感、匂い、活字本の場合は紙の表面のかすかな凹凸、古い本ならば天に積もった埃、それを防ぐべく施された天金の褪せた輝き。（池澤夏樹）

これらの「ものとしての本」への並々でない愛着や強い思い入れは、まさに本に備わるアフォーダンスの存在を容認するような感想や感懐だ。

読者や読み手が本に対して抱く強い思い入れを、「フェティシズム」、つまり命のない物や加工した自然物に対する人間の「呪物崇拝」として片づけてしまう見方もある。

だが立場を変えて本の側から考えると、本を慈しむ人の気持ちに加えて、本が持つアフォーダンスの作用によって本と人がさらに互いに強く結びつくのではないか、本への読者の一方的な「片思い」ではなく本側のアフォーダンスも相互に作用し合う、言ってみれば「相思相愛」ともいえる関係があるのではないか――本と読者のゆるぎないつながりを説明するのに、ギブソンのアフォーダンス流の考え方は、それなりに説得力があるように思える。

フェティシズムと一刀両断で切り捨ててしまうより、よほど理解しやすいといえる。

紙の本と電子書籍の違いを考える場合にも、「形を持たず無形の〈電子書籍〉ではアフォーダンスが働かない、ないしは働きにくいが、ものの形があり固形物である〈紙の本〉にはギブソン流のアフォーダンスがしっかり働く」という違いを考慮にいれると、わかりやすくなる。

そのアフォーダンスの有る、無しの差が、紙の本と電子書籍に対する篠田・群の印象の相違や、『いつもそばに本が』『本は、これから』に寄せられた数々の感想の違いにつながるのではないだろうか。

数学の幾何では補助線を引くことによって、問題をより簡単な既知の問題に置き直して、それまで見えなかった解決への道筋を新たにつかめる場合がある。

紙の本と読者の間に、ギブソンが唱えるアフォーダンスという一本の補助線を引くことにより、なぜ両者が互いに強く結びつくのか、その理由が理解しやすくなる。

アフォーダンスについては、環境や自然は対象になり得るが、人工的や社会的なものには適用されるべきではない、との見方がある。

だがギブソン自身、アフォーダンスの具体例として、ナイフやはさみ、錐、針、ペン、鉛筆などの道具、斧や槍、椅子やベンチ、銃や弓、ボール、ロープや糸などを挙げ、明らかな人工物である郵便ポストにまで言及している。

大阪大学の豊泉俊大・人間科学研究科特別研究員は、「ギブソンは人工的、社会的な事物にもアフォーダンスがあることを認める。……アフォーダンスが知覚されうる環境とは、いわゆる自然環境（だけ）ではなく、ほかの人間も存在する社会環境……である」（「郵便ポストのアフォーダンスについての一考察」「共生学ジャーナル」第四号）として本という人工的・社会的な事物にも、アフォーダンスは存在し作用すると指摘する。

ギブソンが説くアフォーダンス理論は、従来の欧米流の発想や考え方、取り組み方とかなり異なる。

ギブソンの理論は、「動物の……行為は何もない空間ではなくアフォーダンスの充満しているところ、すなわち『環境』でおこなわれている。……それは生きもののまわりに潜んでいる生きものにとっての意味をまず考え、それを中心にして動物（いきもの）の知覚や行為について考えてみようという主張である」（『アフォーダンス入門』講談社学術文庫）――多摩美術大学教授・東京大学名誉教授の佐々木正人は、こう述べる。佐々木はギブソンやアフォーダンスに関して数多くの翻訳書や解説書を書いてきた。

アフォーダンス理論は、周りの環境にまず目を向けてその存在や意味、役割を評価し大切に扱い、その環境の下で主語・主体がそれぞれどう考え、行動するかを見定めるというものであり、従来のあくまでも主語・主体が主役を務める欧米流の発想や取り組み方とは異なる。

西洋を代表する言語の一つである英語を取り上げても、「I love you.（アイ ラブ ユー 私はお前が好きだ）」あるいは「I kill you.（アイ キル ユー おれはあんたを殺す）」のように、主語・主体（私・おれ）は、それに対置する客体（君・お前）をどうする（愛する・殺す）のかを常に明確にする。そして主語・主体は強い意思と行動をはっきり示す。言いかえると、強い意思や行動はいつもその主体や主語に付き従う。

これに引き換え、ギブソン流のアフォーダンス理論は、まず環境（客体）ありき。主体は、環境が用意したなかから見つけ取り出した「存在」や「意味」を「すくい上げ」自らの行動に結びつけるのにとどまる。

「I kill you.（アイ キル ユー おれはあんたを殺す）」のように、主体や主語が環境や客体を制したり支配したりする欧米流の論理的な思考方法や行動様式とは明らかに違う。

ギブソン自身はアフォーダンス理論を展開するにあたって、仮説や推論を設定したうえで実験や実証を重ね、さらにその仮説や推論を手直ししてあらためて実験や実証を試みるなど、その取り進め方はきわめて散文的であり、手堅い。

吉岡洋・京都大学こころの未来研究センター特定教授は、ギブソンのアフォーダンス理論は知覚をどうとらえるかについて、従来とはまったく異なる見方を明らかにしたものであり、「知覚の理論に一種の『コペルニクス的転回』……をもたらそうとした」（『〈思想〉の現在形——複雑系・電脳空間・アフォーダンス』講談社選書メチエ）と強調する。ここでいう「コペルニクス的転回」とは、旧来の天動説に対しコペルニクスが打ち出した地動説のように、それまでの定説を一八〇度ひっくり返す大転換を指す。

八百万の神々

わが国では古来、山・海・湖・滝・池・岩・巨木や、雷雨・風・雷・地震・火山噴火などの自然界のものやことは、そこに神が宿るとして崇められてもきた。

八百万《やおよろず》の神々である。

八百とはもともと百の八倍のことで、八百屋とは大根からジャガイモなどに至るたくさんの種類を商う野菜類の小売店だ。「八百万」の神々ともなれば、「いちいち数えることができないほど数の多い」（新明解国語辞典）神々を表す。

観音経に出てくる「仏説是普門品時、衆中八万四千衆生」とあるのは、「仏がこの『観音経・普門品』を説いたとき、八万四千人の衆生、つまり数え切れないほどたくさんの衆生は……」を意味する。

わが国では、厠《かわや》をつかさどる「トイレの神様」まである。これはユダヤ教、キリスト教、イスラム教など唯一の神を崇める一神教の国々とは大きな違いだ。

神だけではない。

仏教などにも「一切衆生悉有《しつゆう》仏性」(涅槃経)、「山川草木悉皆《しっかい》成仏」といった言い方があり、「人にとどまらず、生きとし生けるものはことごとく仏性をもっている」「山や川、草や木にも仏性があり成仏できる」とされてきた。

暮らしのなかで出会うさまざまの自然や事物に神や仏を見出し崇める、という日本人の感じ方や受け止め方、行動様式、生活習慣——それは、人や動物を理解するにはどのような環境の下でどのようなものに囲まれて生活しているのかを一つひとつ見定め、見極めていくアフォーダンス理論と共通するところがある。

ギブソンが唱えるアフォーダンスの考え方は、わが国で大きな違和感なく受け入れられる素地があるように思われる。

近代の欧米にあっては、人間が荒野を切り拓く、木を切り倒すなど、科学や技術の力を後ろ盾に自然や現状を開発し改良していくことこそ「文明」の核心である、とされてきた。

東大・国際基督教大学名誉教授の村上陽一郎は、「自然の中に埋没し、自然の与えるものだけを受け取り、自然が許すものだけで生きていくような、『自然』な人間は、『文明的人間』とは言えない。そうした人間は『野蛮』であり、『未開』である……人間は自然から自立する、自立した上自然を管理し、支配し、征服し、収奪する。それを『善』と判断するのが『文明』のイデオロギー」であり、欧米流の考え方である、と唱える。(『文明のなかの科学』)。

米社会科学者サミュエル・ハンチントンもこう説く。「文明という考え方は、一八世紀のフランスの思想家によって『未開状態』の対極にあるものとして展開された。文明社会が原始社会と異なるのは、人びとが定住して都市を構成し、読み書きができるからだった。文明化することは善であり、未開状態にとどまることは悪だった」(『文明の衝突』)――。

SDGsにもつながる

しかし発展や変革を過大視しがむしゃらに目標を達成させるという従来のような成長や開発第一主義の考え方はいまや、疑問符がつけられるようになった。

国連では二〇一五年、「もっと緩やかな成長を」と自制を促すSDGs(持続可能な開発目標)を設ける決議をサミット加盟国の全会一致で採択した。

自然や環境を重く見て、あくまでも持続可能な範囲で開発を推し進めようという新たな社会の到来である。

人間や動物がかかわる環境や周囲の事物に重きを置く「まずは環境ありき」のアフォーダンス理論は、結果として自然や環境の保護を大事にするＳＤＧｓの流れと軌を一にする。

ノーマンによるアフォーダンス・デザイン理論

ギブソンのアフォーダンスの考え方は、ほかの分野でどのように受け入れられているのか。デザインやアートの分野でアフォーダンス理論は広がりをみせる。

米認知心理学者のドナルド・ノーマンは一九八八年、『誰のためのデザイン？』を上梓した。この本で、デザインは何よりもまずユーザーのために考案され、制作されるべきであり、「ユーザビリティ（使いやすさ）」が何よりも大切である、と唱えた。

デザイン制作にギブソン流のアフォーダンス理論を取り入れ、「ユーザーの経験や慣習を十分踏まえて人の行動をわかりやすくごく自然に導くようなデザインこそ欠かせない」と説いた。

アフォーダンス思考を採用した同書は、いまやデザイン分野のバイブルとされる。

ギブソン流のアフォーダンスは、たとえそれが目に見えなくても存在するというが、「デザイナーにとってはそれが見えるかどうかが重要である。目に見えるアフォーダンスはモノを操作するときに強力な手掛かりを提供する。（例えば、デザインとして）ドアに取り付けられた平らな小さな板は（ドアを開けるために人がそこを）押すことをアフォードする」（ノーマン『誰のためのデザイン？　増補・改訂版』岡本明ほか訳　新曜社）。

その場合、人はアフォーダンスによって「ドアを開くには押すのがよい」と誘導されるが、ドアのどこを押せばいいかについては、デザインが「(ドアに取り付けられた)平らな板を押せばいい」と指し示す役割を受け持つ、と解説した。デザインが示すこのような手掛かりをノーマンはアフォーダンスとは別に「シグニファイア」と呼んだ。

AIもアフォーダンスと結びつく

ほかでも広がりがある。

ギブソンのアフォーダンスは、「知覚心理学、認知心理学、認知科学などの心の科学のみならず、ロボット工学、工業製品デザイン、環境工学、教育学、美学などの分野においても言及されるようになった。……ギブソンの生態学的知覚論は正確に理解するのがきわめてむずかしい。……わたしたちにいわゆるパラダイムの転換を迫っているからである。……だがそれを理解したときに見えてくる風景は、この上なく新鮮であるばかりでなく、様々な分野に応用可能な、生産性豊かな展望を与えてくれる」(河野哲也『エコロジカルな心の哲学――ギブソンの実存論から』)。

情報技術分野では「IOT(物のインターネット)やAI(人工知能)の研究開発や応用が進むにつれて、ユーザーインターフェイス(UI)、つまり機器やシステムとの間で情報をやり取りする仕組みの大切さがあらためて認識されている。ここでもアフォーダンス理論の有効性が注目されるようになった」と佐々木正人は説く。

2　里程標（マイルストーン）としての本

『トム・ソーヤーの冒険』『あしたのジョー』『ハツカネズミと人間』……

本の二つ目の特性として、里程標（マイルストーン）を取り上げる。

里程は里（尺貫法による長さの単位で、一里は三十六町〈約三・九キロメートル〉）を単位としてあらわした距離であり、里数さらには道のりを示す。

里程標はその距離を表示するために道路脇に置かれた表示や石のことだ。英語では起点から一マイルごとに置かれた標石をマイルストーンと呼ぶが、それもここからきている。

ただ歩いていけばよいというものではない。道を歩いていけば、必ず幾つかの分岐点に出くわす。それぞれの分かれ目でどちらの道を選んで歩いてきて、いまの里程標にたどりついたのか。その人間にとって、それぞれの分岐での選択は一回限りしかない。分岐を経てそこに至る里程標は、その人であるからこそ刻めた個別の過ぎ去った「時間」や「空間」を包含している。

読みさしの本に挟む「枝折（栞　しおり）」は、もともと山道などを歩くときに道しるべとして、木の枝を折り曲げる「撓る（しおる、しなる）」からきたという。その枝折が転じて「栞」になったとされる。

幾つかの枝折を経てはじめて次の里程標に至る。

明治学院大学名誉教授の清水徹は、書物とは読み手の「人生の里程標」である、と説く。

「近親者——父か母か——の死体を、日常的な居住や生活からはなれた特別なところに埋める。……その場所に目印として、……たとえばそこに石をひとつ置く。……これを書物の起源と考えてみたらどうだろう」というのだ。


死者を葬った目印として置かれた石は、情報を再認識させるための目印、それを目にすることで何かを思い出す……ような記号である。ある記憶を封じ込め、それをふたたび見るとき、記憶が蘇ってくるような記号装置。何らかの情報を託し、それをふたたび見るとき、その情報が舞い戻ってくるような記号装置。いわば時間が加工されて内包されている記号装置。それこそは、「書物」に他ならない。……書物とは、まず、そういう物体である。書物の条件のひとつは、そこに情報を託し、そしてそこに立ち戻ることによって、託された情報が繰り返し同じようなかたちで発信されることにある。(『書物について——その形而下学と形而上学』)

バレエダンサーで演出家でもある熊川哲也も、「本は自身の里程標」との見解に沿う形で、自分と本の関係について述懐する。

新たに上演するバレエ作品を制作するときには、必ず「原作の古書を手元に置くことにしている」。

その古書は可能な限り初版初刷りのものを調える。

年月を経て風化した本を眺めていると、初版当時の空気や著者の息づかいまでが生々しくよみがえり、作品がいっそう身近に感じられるから、というのがその理由である。

幼い頃はやんちゃで、毎日が大冒険の日々であり、マーク・トゥエインの同名小説をアニメ化した『トム・ソーヤーの冒険』に夢中だったという。

後年この小説をバレエ作品に仕立て上げたが、そのときも『トム・ソーヤー』の初刷りの原本を神田・神保町の古書店で探し出してきて、手元に置きながら練習に励んだ。（日経夕刊「こころの玉手箱」二〇二一・三・二四）

マンガ家の里中満智子は物心がつく前からマンガと出会い、遊戯が嫌いだったこともあり通園せずに、もっぱら家で絵本やマンガ、図鑑を眺めて過ごしたという。

手塚治虫の『鉄腕アトム』、横山光輝の『鉄人28号』、ちばてつやの『あしたのジョー』、石ノ森章太郎の『仮面ライダー』などが当時、大のお気に入りだった。

「このころ手に入れた漫画は、何度か母に捨てられそうになりながらも守り通して、今も大切に保管している。」（日経「私の履歴書」二〇二二・五・四）

これらのマンガ本は、『天上の虹』『マンガ　ギリシア神話』『古事記』などにより後に女性マンガ家として名を成す途を切り拓き、女性初の日本漫画家協会理事長を務めた里中にとって、まさに里程標と呼ぶにふさわしいものだった。

「大学一年のときの、最初の授業のテキストはスタインベック『チャーリーとの旅』。……それから三十五年後、古書店で、その本と再会した。何十年も自分の国について書いてきたのに、そのアメリカという国を知らないことに気づいた（作者の）スタインベックは愛犬チャーリーを連れてアメリカ大陸の旅に出る。……そのスタインベックの最高傑作『ハツカネズミと人間』をそのあと、それも五十歳を過ぎてから読み、ぼくは感動するのだが、その夢中のさなかにも、あ、チャーリーを連れて旅をした人だと、遠くのほうで思っていた」――現代詩作家の荒川洋治は『いつもそばに本が』のなかで、スタインベックとの出会いをこう振り返る。

スタインベックの本とはじめて出くわしたのは二十歳《はたち》前の学生時代、そして五十歳過ぎになってから古書店で再びめぐり合う。さらにその後、最高傑作とされる『ハツカネズミと人間』を手に取り、終りまでしっかり読了し、深く心を動かされた。学生時代に設けた里程標、そのあと三十五年たって社会人になってからしつらえた里程標――生涯かけて歩んできた道に、読んだ本が里程標として幾つか、留め置かれている。

シュリーマンの生涯を決定づけたプレゼント本『トロイアへの道』

ドイツの実業家であり考古学者であったハインリッヒ・シュリーマンは幼い頃、ギリシァ神話に登場する英雄たちやトロイア戦争の話を父親からよく聴かされていた。

シュリーマン少年は、そのような時にはいつもトロイア（トロイ、トロヤとも）側の肩を持っており、トロイアが破壊されて地上から跡形もなく消え去ってしまったことを心から嘆き悲しんでいた。

七歳のクリスマスの時、父から一冊の本『子どもの世界史』（ゲオルク・ルードヴィッヒ・イェラー著）をプレゼントにもらった。

色刷りの挿絵には、燃え上がるトロイアの都や巨大な城壁を後にして、トロイアの勇将エアネスが父親を背負い、幼い弟の手を引いて城門から落ちのびていく場面が描かれていた。

「ほんとにトロイアはあったんだね。……そうでなければこんな風に生き生きと描けるはずがないもの」とシュリーマン少年。「これは単なる想像で描かれた絵に過ぎないのだよ」と父親。

「トロイアがほんとうにあったとすると、それがまるきりなくなるなんてありっこない。きっといまでも石や土の下に何百年も埋もれているんだ」。

父親は異議を唱えたが、シュリーマン少年も自説を譲らず、結局「少年がいつかトロイアを発掘する」ことで折り合い、その場を終えたという。

シュリーマンはその後、家が没落し、十四歳で雑貨店の店員となり、帆船の給仕係を経て商社に勤務。幾多の苦難に遭いながらも貿易商となり莫大な資産を築き上げた。

四十代になってから古代史や考古学の研究に手を染め、ヨーロッパとアジアをつなぐ重要地点のトルコ・アナトリアにあるヒサルリクの丘を発掘、そこが「トロイアの遺跡にほかならない」と断言し、世界をあっと言わせた。

シュリーマンによるトロイア遺跡発掘は、その後トロイア文明、クレタ文明、ミケーネ文明を含むエーゲ文明全体を解明する糸口となった。

一八九〇年、イタリア・ナポリで死去。六十七年に及ぶ激動の一生であった。七歳の時にクリスマスプレゼントでもらった本こそ、シュリーマンが生涯をかけて取り組んだエーゲ文明探究のかけがえのない里程標となった。

(『古代への情熱――シュリーマン自伝』関楠生訳　新潮文庫、『同』池内紀訳　角川ソフィア文庫、『同』村田数之亮訳　岩波文庫、『トロイアへの道――シュリーマン自伝』氷川玲二訳「現代世界ノンフィクション全集」、などによる)

書き込み（マルジナリア）

里程標からややはずれるが、「マルジナリア」という言葉がある。欄外の書き込みや傍注のことだ。

本などの余白や欄外を意味する「マージン」からきている。マージンは商売上の利ザヤや儲《もうけ》として使われることもしばしばある。

マルジナリアについては、それを書名に刊行された『マルジナリア』で著者澁澤龍彦がこう説き明かしている。

マルジナリアとは、書物の欄外の書きこみ、あるいは傍注のことである。（米作家の）エドガー・アラン・ポーは本を買うとき、なるべく余白が大きくあけてあるような本を買って、読みながら思いついたことを、そこに書きこむのを楽しみにしていたという。こうしてできたのがポーの『マルジナリア』であった。（『マルジナリア』　小学館）

例に挙げられたポーの「マルジナリア」とはどのようなものか。自らこう記している。

私は本を買う時、余白が大きく開けてあるのを買うようにする。余白の大きいことそれ自体が好きだからではない。読みながら起る考えだの、著者の意見と一致するかしないかだの、その他一寸した評注を書入れることが出来るからである。書入れることが多過ぎて余白に入らない時には、別の紙に書いて、……ページに貼り付ける。（ポー『赤い死の舞踏会　付・覚書〈マルジナリア〉』　吉田健一訳）。

ポーがマルジナリアとして書きとめた「一寸した評注」の断片には次のようなものがある。

卑怯——卑怯に見えるか卑怯であるのが必要な時に、それが出来ないのは、本当に勇気のあるものではない。

匂い——匂いは、我々を連想によって動かす、全く独特な能力を持って居ると思う。その能力は、触覚、味覚、聴覚に訴えるものとは、本質的に異なって居る……。

単なる書き込みを超え、それ自体がひとつの箴言集になっている。

よく知られたマルジナリアに夏目漱石のものがある。

岩波書店『漱石全集』（全三十五巻）では、漱石の門人小宮豊隆が全集として編纂した際、漱石が蔵書の余白に書き残した短評や雑感など数々のマルジナリアを、第三二巻「別冊　上」にそのまま採録した。

小宮豊隆は、全集の中にそういうものまで取り入れた例があるかどうかは不明ながらも、としつつ、解説のなかで『漱石全集』の別冊としてマルジナリアを公表することは、「漱石の本の読み方を具体的に知ることができる点からいっても、またこの時分漱石はどういうものに興味を持ち、どういうところを問題にしていたかを知ることができる点から言っても……これはぜひ必要なことであると考え敢えて全集別冊の一部に採り入れた」と記述している。

文章だけでなく簡単な図やスケッチなども載せてある。

わが家の本棚でほこりをかぶっていた岩波の函入り新書版サイズの第三二巻をひもといてみる。第三二巻は「蔵書の余白に記入されたる短評並びに雑感」の特集である。

確かにシェイクスピアの『ハムレット』について、小宮が言う「精到を極めた（漱石の）書き入れ」が採録されている。

……此等ノ句ニヨレバハムレットノ年齢ハ二十五以下ニ見ユ。

女全体ヲ危険な者ダ、信用出来ヌ者ダト云ウ意ヲホノメカス是ハ母ノ品行ヲ目撃シテ得タル彼ノ結論ナリ。……彼ガ母ヲ信ゼザル、母ヲ信ゼザルガ為如何ニ他ノ女子ニ信ヲ置カザルカヲ見ヨ。

などとある。

漱石はシェイクスピアのほかにもダニエル・デフォー（『ロビンソン・クルーソー』）、チャールズ・ディケンズ（『クリスマス・キャロル』）、シャーロット・ブロンテ（『ジェイン・エア』）などに触れ、英国以外のアントン・チェーホフ、アレクサンドル・デュマ、ギ・ド・モーパッサンなどについても書き込みをしている。

総じて自身留学した経験のある英国以外の作家に厳しく、チェーホフについては「『黒衣の僧』第三流ノ作ナリ」、デュマについては「『黒いチューリップ』万事都合よく出来ている所が舊《きゅう》式の小説なり。舊式の小説とは小説の為の小説にて人生の為の小説にあらざるをいう」と決めつける。とりわけギ・ド・モーパッサンについては、『ホルラ』『小さな兵隊』などの三短編を「愚作ナリ」と切り捨てた後、『あだ花』を「面白イ。然シ要スルニ愚作ナリ。モーパッサンハ馬鹿ニ違ナイ。コンナ愚カナコトヲ考エック者ハ軽薄ナル仏国ノ現代ノ社会ニ生レタ文学者デナケレバナラナイ。毫モ真摯ナ所ガナイ」とこき下ろす。

これらの率直な表現は、マルジナリアならではの本音だろう。

まさか後世に、全集に収録されるとは思いもしなかったに相違ない。編纂者の小宮がいなければ、世に知られることもなかった。

日頃きれいな本の維持管理に余念がない図書館の司書やスタッフ、古書店などの人たちからすれば、本を汚すとはとんでもない話しで、やるならばあくまでも自分が所有している本でやってほしいと目をむくところだろう。

マルジナリアに於いては、我々自身に対してのみ話す。だから清新に、大胆に、気儘に、そし

てめかさないで、……昔の人達のように話す。（ポー）

読者と本のかかわり合いからすれば、その本を持つに至った当時のいきさつ、あるいはその本を読んだ時の自分の境涯、書き残した時のあふれる思いなど、読み手にとってのマルジナリアは、自らの替えがたい里程標になり得る。

マルジナリアというやや「可愛さ余って」のような振る舞いは、それだけ本への愛着が強いことを示すといえるが、読書がどんな意味を持つのか、どのようにして本は里程標となり得るのか、あらためて考えるきっかけになる。

3 「サードプレイス――飛び切り居心地がよい場所」と相性が良い本

第三の場所としてのサードプレイス

本が持つ特性として、三つ目に「サードプレイス」との関連を挙げる。

「育ち盛りの子どもが育ち、その子の発育に大きな影響を及ぼす『家庭』を第一の場所」とし、「生計の手段を提供したり、……競争意識を高めたり、出世の意欲をかきたてたりする労働環境、つまり『仕事』の場を第二の場所」とすれば、「家庭と仕事の領域を超えた個々人の、定期的で自発的でインフォーマルな、お楽しみの集いのための……さまざまな公共の場所を……『サードプレイス（第三の場所）』と呼ぶことができる」――米社会学者のレイ・オルデンバーグはこう唱える。（『サードプレイス』忠平美幸訳　みすず書房）

気の利いた出来合いの言葉が見あたらないので、「サードプレイス（第三の場所）」を用語としてそのまま使ったという。

もともと、世の中の産業化が進む前は第一の場所、つまり家と、第二の場所である仕事場は一つだった。が、「産業化は、居住地から仕事場を切り離し、家庭から生産性の高い仕事を奪い去り、距離的にも倫理的にも精神的にも家庭生活から遠ざける」結果を招いたと指摘、「（第一、第二、第三の）三つの場所の序列は、それぞれに対する個人の依存度と一致」し、大切さの度合いや社会的な認知なども第一、第二、第三の順番通りで、時間のかけかたでも「概して人は家で過ごす時間のほうが職場で過ごす時間より長く、職場で過ごす時間のほうがサードプレイスで過ごす時間より長い」と論じる。

「サードプレイス」とはどんな場所か。

オルデンバーグは著書のなかでその特徴を八つほど示す。

- 〈中立の領域〉自由に出入りでき、そこにいる全員がくつろいで居心地よいと感じる
- 〈人を平等にする〉誰でも受け入れ、一般大衆にも敷居が低い
- そこでのおしゃべりが活発で、機知に富み、華やかで魅力的で、〈愉快で面白い会話〉がある

■〈利用しやすさと便宜がある〉　昼夜を問わずほとんどいつでも一人で出かけて行ける
■〈常連〉を中心に活気づける人びとがいつもいる
■外観も含め〈目立たない存在〉であり、総じて地味である
■〈雰囲気に遊び心がある〉　遊びの精神が大切とされる
■〈もう一つのわが家〉　多くの点で家庭と張り合うが、往々にして、家よりも家らしく、しばしば勝ちをおさめる

早稲田大学国際学術院教授のマイク・モラスキーは、オルデンバーグ著『サードプレイス』日本語版に寄せた解説でサードプレイスについて、次のように説明する。

サードプレイスとはとりたてて行く必要はないが、常連客にとって非常に居心地がよく、それゆえに行きたくなるような場所。会員制になっておらず、予約するような場所でもない。いつでもひとりでふらっと寄って、……帰りたいと思ったら、いつでも帰ればよい。その意味では、家庭とも職場とも著しく違う。ただし家庭とは異なるものの、〈アットホーム〉な気持ちでいられることがサードプレイスの大きな魅力である。

オルデンバーグによれば、サードプレイスの場所の具体例としては、アメリカの居酒屋〈タ

ヴァーン)、同じくドイツ系アメリカ人の経営するかつてのビアガーデン(ラガービール園)、イギリスのパブ、フランスのカフェなどがある。ほかにアラビアのコーヒーハウス、ドイツの居酒屋、イタリアの食堂、アメリカ西部の昔ながらの雑貨屋、スラム街のバーなどもサードプレイスといえる、と指摘する。

サードプレイスの例として、建屋のなかだけでなく、かつての米国中西部の町「リヴァー・パークのメインストリート」も挙げる。「メインストリートに並ぶ商業設備のほとんどは、三ブロックにも満たない範囲におさまっていた。コミュニティの会社や商店は、一部を除くすべてがメインストリート沿いに軒をつらねていた。ぜんぶで四十軒、通りの北側にも南側にもほぼ同じように立っていた。商業上、そこは一本道の(ちっぽけな)町で、しかもその道は短かった」。そのメインストリートの道なりにサードプレイスとしての交流が広がっていた、というのである。

その伝でいけば、米リヴァー・パークのメインストリートに限らず、わが国の商店街や住宅街の路地など、世界のあちこちでそれぞれサードプレイスと呼べる場所が見つけられそうだ。

サードプレイスとしての居酒屋と書店

『サードプレイス』日本語版の解説を書いたモラスキー教授が、シンポジウムに登壇し話をすると聞いて、取材方々「お説ご拝聴」と会場に足を運んだ。

「ジャズ喫茶と赤提灯《ちょうちん》——日本独自の文化空間を考える」がテーマ。

教授の肩書は早大国際学術院教授とややいかめしいが、いかにもラフな替え上着姿でざっくばらんな調子。

モラスキーは米国セントルイス生まれ、シカゴ大学大学院博士課程で日本文学を専攻し、来日。日本滞在は四十一年（講演当時）にのぼる。日本の戦後文化、ジャズやブルースなどの音楽文化、都市空間、首都東京論などについて研究活動を展開、サントリー学術賞を受賞した『戦後日本のジャズ文化』（青土社）などの著作がある。

まずサードプレイスについて、オルデンバーグ流の「家とも職場とも違う第三の空間である」とあらためて強調、「店からは単なる消費者として相手にされるのではなく、個人としてもてなされる、かといって客同士は互いに名前や仕事を知っているわけでもない。常連を中心に静かな活気があり、アットホームな雰囲気が漂う。消費する場としてより交流する場として見据えられている」と補足して、「日本独自のローカル空間である赤提灯の一杯飲み屋やジャズ喫茶店こそ、まぎれもないオルデンバーグが唱える『サードプレイス』である」――と自説を唱える。（第九〇期一橋フォーラム21如水会館　二〇一五・一〇・二〇）

そのモラスキーが「サードプレイス」をテーマに、書店B&Bの共同経営者である内沼晋太郎と対談したことがある。（国際文化会館会報「I-House」二〇一五-冬号）

内沼は知る人ぞ知る出版界販売分野の論客であり、『本の逆襲』（朝日出版社）などの著書がある。自身、博報堂ケトルと共同で東京・下北沢に書店「B&B」を開いている。B&Bは「BOOK&

Beer」を意味しており、書棚で本を探しながらおなじ店のなかにいてビールでのどを湿らすこともできる。
B&Bのホームページは次のようにうたう。

本には「知」や「エンターテインメント」、／大袈裟にいえば「人生のすべて」があります。／それは素晴らしい「無駄」に満ちあふれています。／そんな本との「偶然の出会い」を／街ゆく人の日常の中に生み出すべく手を尽くすこと。／それが「街の本屋」の役割だと、私たちは考えています。／待ち合わせのついでに、せつない恋を描く小説に出会う、買い物の帰りに、宇宙の仕組みをひも解く本に出会う……。／そんな出会いを提供する「場」になりたいと思います……／幅広いジャンルの本を一点ずつ選んで取り揃えています。……ビールをはじめとするドリンクが飲めます……毎日トークイベントを開催、セミナーも随時開いています。

会報のト書きには、「日本の居酒屋を都市の文化空間と捉えて長年研究してきたモラスキー氏と、街の小さな本屋にサードプレイスとしての可能性を見出し、新たなビジネスモデルを提案している内沼両氏に『場』の魅力を語って」もらった、とある。
内沼が「棚づくりには相当こだわっている。……本との出会いは人との出会いと同じだと思っている。……たった三十坪の町の本屋がやるべきことは、『何か面白い本がほしい』という人に対して、いかに応えるか……ちょっとしたジャンプがあると棚を見ているだけで面白いし、新しい出会いもある。……居酒屋でその日たまたま隣に居合わせた人と出会うように、偶然性を感じる読書が広がってほしい」と唱えれば、居酒屋こそ日本のサードプレイスと説くモラスキーは、次のように応じる。

B&Bのような本屋と、こじんまりした個性ある居酒屋に〈サードプレイスとしての〉類似性を見出すとすれば、「今日は何か面白いことがあるかな。発見があるかな」という期待感を持って店に入る、……何か新しいことがあって刺激を受ける。それがサードプレイスと呼ばれる場所の魅力じゃないでしょうか。

書店について、オルデンバーグはとりたてて触れていないが、書店ないし書店店頭という空間は、オルデンバーグ流のサードプレイスに当てはまるのだろうか。

書店やその店頭はごく当たり前の販売小売店であるからには、個人が自由に出入りできる〈中立の領域〉であり、誰でも受け入れてくれる〈人を平等にする〉場所であることに間違いはない。けばけばしく飾り立てたというよりは地味で〈目立たない存在〉であり、いつ行くか決まっているわけではなく、ちょっと立ち寄ったりする〈利用しやすさと便宜がある〉空間であることにも相違はない。

もちろん〈常連〉を中心に〈愉快で面白い会話〉が楽しめ〈雰囲気に遊び心がある〉ところというのは、やや違和感があり、オルデンバーグが掲げたサードプレイスの特徴がすべて合致しているわけではない。

書店の場合、どの店を覗いても店構えの大きさや蔵書数、さらには棚の作り方などはそれぞれ店ごとに千差万別。

どれだけたくさんの本を「面陳」、つまり背ではなく表紙を見せて陳列してあるか、平積みの台にはどんな本が置かれているか、お目当ての本とともにどのような類書が一緒に並べられているかなどから、その店の輪郭や個性が浮き彫りになってくる。

読者は何も口を利かずに、それらの書棚と静かに対話する。両者の間で交わされる無言の、しかし真摯なやりとりや静謐のコミュニケーションは、姿や形こそ異なれ、サードプレイスが掲げる活発で機知に富み魅力のある〈愉快で面白い会話〉ともいえる。

さらにその棚をお守りしている書店スタッフと読者の間で直接なんらかの言葉のやり取りでもあれば、まさに錦上花を添える格好となり、言うことなしだ。

「ちょっと出かけてくるよ」と言って家を後にしてから、散歩の途中に足を止めた書店で、探していた本を見つけたりまったく思ってもいなかった本との出会いがあったりして、あっという間に時間が経つ。家に戻ると家人からは「こんなに遅くまで何をしていたの」と冷やかされたりあきれられたりするような経験をお持ちの読者の方もおいでかもしれない。

つまり書店は、そこで費やす時間をめぐって第一の場所の家庭と張り合ったりする〈もう一つのわが家〉と言えなくもない。

書店やその店頭は、オルデンバーグが掲げる要件を曲がりなりにも満たしており、サードプレイスとみなすことができそうだ。

『サードプレイス』日本版の帯にも、「居酒屋、カフェ、本屋、図書館……情報・意見交換の場、地域活動の拠点として機能する〈サードプレイス〉の概念を社会学の知見から多角的に論じた書」とあり、「本屋、図書館」が例示されている。

基幹店であるジュンク堂書店難波店の店長を長年務め、出版界の販売や流通のあり方について一家言を持つ福嶋聡は、『劇場としての書店』(新評論)で別の視点からこう述べる。

「人は、なにゆえに書店へ行くのか?」……ヴァーチャル書店を利用すれば「日曜日にわざわざ」書店に出掛けていく必要はない。データベースや検索システムも整ってきた今となっては、自宅のパソコンでアクセスした方がよっぽど楽に、そして速やかに目的の本に行き当たる。……なにも足を棒にして何軒もの書店を歩き回る必要もなく、最終的に空振りに終わる危険もない。……それでも人は書店に行く。それは偶然というものの魅力だと思う。あるいは本というパッケージ商品の持つ逆説的な開放性のゆえであると思う。

言い換えれば、書店の本棚が生み出す「偶然」によって思わぬ「セレンディピティ」にめぐり合える場になり得るというのだ。行きずりのあるいはいつも覗くあちこちの書店の千差万別の本棚に、どんな本が並べられているか、どんな取り合わせで本が置かれているか——。

「セレンディピティ」とは、当てにしていなかったものを偶然うまく見つける機会や才能のことだ。英国の作家ホレス・ウォルポールがおとぎ話「セレンディップの三人の王子」をもとにつくった造語とされる。物語に登場する王子たちが、旅の途上で探そうとしてもいない宝物をうまく見つけ出したことから、セレンディピティという表現が生まれた。セレンディップとは国名セイロンの古称である。

書店の本や書棚が提供するセレンディピティによって、読者はふだんなら見ることもない本を手に取ったり、思ってもいなかったヒントをつかんだりすることがあり得る。

本の一冊一冊が所有するもともとの物理的なアフォーダンスの存在感に加え、担当者が精魂込めてつくった棚の魅力がいわば磁力となり、読者を強く引き寄せる。

過去の検索実績をもとに形づくられるウェブのグーグル検索は、確かに「知りたい結果を探し出す」のには重宝で便利だ。しかし「何が知りたいのかわかっていない」ことを探り当てるのは得手でない。

それだけに「プル(引っ張り出し)型」の情報検索ではなく、書店の書棚のような「プッシュ(押し出し)型」で得られる情報も有用だ。セレンディピティにめぐり合う機会も増える。

コロナ禍をきっかけに、第一の場所である家庭でいままでにないほど継続して長い時間を過ごす場面が増えた。「家」や「家族」とは何かをあらためて見直すきっかけともなった。第二の場所である職場はテレワークの活用や休日数の増加などによりそれ以前に比べて質量ともに姿や形が変わった。

もちろん第三の場所、サードプレイスも例外ではない。

職場から離れて家で腰を据えて仕事に取り組まざるを得ず、気分転換や退屈しのぎに変化を望みたい、自分にうまく適合するサードプレイスを確保したいという機運は、むしろコロナ禍を経て高まった。

東証プライム上場のＩＴ（情報技術）関連企業、ブイキューブがおこなった調査によると、コロナ禍に伴い「自宅でなく職場でもないサードプレイスの必要性が高まる」と回答したのは、六一・六％と過半に達する。（調査対象は東京都と近隣三県に居住する経営者・社員五〇〇名　ウェブサイト「Ｃｎｅｔジャパン」二〇二二・三・二八参照）

その理由として「サードプレイスではひとりの時間が取れるから」が最も多く、「サードプレイスがあることで生活にメリハリがつくから」「サードプレイスで息抜きや気晴らしをしたいから」「自宅よりくつろげるから」「自宅に飽きたから」などの答えもあった。（複数回答）

サードプレイスは最近、オルデンバーグの唱えた本来の意味を離れて、「自宅や職場以外で仕事をする場所」の総称として使われることもしばしば。

この調査でも、回答者は仕事や会合、オンライン会議などで利用するシェアオフィス（共同事務所）などを念頭に置いて答えを寄せてきた可能性はあるものの、コロナ禍を経て「自宅や職場以外の場所の必要性がより高まっている」という回答結果は、その通り受け止めていいとみられる。

B＆Bに限らず、コーヒーやドリンクなどの飲料を提供する書店がふえている。米国最大の書店チェーンの看板を掲げる米バーンズ＆ノーブルは、早い時期から店内にテーブルや椅子を置きコーヒーなどが楽しめるようにしてある。

「米国五〇州に六〇〇店舗を展開」（バーンズ＆ノーブル　ホームページ）しているが、多くの店がスターバックスと連携し喫茶コーナーを設け、コーヒーやドリンクを提供している。

子ども向けのキッズコーナーでは、本のほかにゲームやパズル、キャラクターのおもちゃなども用意してある。

モラスキーは『サードプレイス』日本版の解説のなかでスターバックスについて触れ、「米国内のスターバックスでは、ソファを置いている店は少なくない。思えば、チェーンの飲食店にしてはかなり異様な発想である。……そもそもソファというのは家でくつろぐための家具であり、営利目的の公共空間ではどうしても場違いの感がある」と指摘する。

そしてさらに、「そのような公共的／私的、そして営利的／非営利的空間の差異を曖昧にすることころ、スターバックスのしたたかな営利作戦だと理解できる。店なのに、いわゆる〈アットホーム〉な雰囲気を醸し出す、ソファのような効率主義に反する家具を置くことで逆説的な効果を上げる」と分析を加える。

「サードプレイス」を唱えた当のオルデンバーグ自身はどう受け止めていたのか。

本格普及の前だったこともあってかスターバックスのコーヒーチェーンをどう見るかについて、作者自身は触れていない。

だが解説を書いたモラスキーは、「（著者としては）気持ちの上でファストフーズをはじめとする多くのチェーン店をサードプレイスと認めたくなかったのではないか」とオルデンバーグの胸の内を忖度《そんたく》する。

現にその著作のなかで幾つか、次のような表現がある。

サードプレイスは、アメリカの新たな都市環境にはめったに見られない。再開発によって古い都市が様変わりしたところを見ても、新たな都市スプロール現象の跡を追っても、〈とびきり居心地よい集いの場（グレート・グッド・ギャザリング・プレイス）〉は見あたらない。

サードプレイスはたいがい古い建物だ。……社交好きなアメリカ人とその仲間たちは、昔はそのような場所のどこかにちゃっかり入り込み、そうしながらたいそう気楽に過ごすことができた。それがもうできないのだ！

かつて場所（プレイス）があったところに、今私たちが見出すのは〈非場所〈ノンプレイス〉〉だ。本物の場所ではヒトが人間である。彼または彼女は、ユニークな個性をもった一個の人間だ。非場所では個性など意味がなく、人はたんなる顧客や買い物客……にすぎない。

少なくともオルデンバーグの気持ちの上では、「大企業が築き上げているプラスティック帝国のような規範化を極めたチェーン店」にサードプレイスのお墨付きを与えたくなかったのではないか、とモラスキーは推察する。

米バーンズ＆ノーブル書店が草分け

店のなかに置かれたテーブルと椅子に座り、陳列された書棚から取り出した本のページをゆっくりめくる。コーヒーを楽しむこともできる。――最近でこそわが国のあちこちの書店で見受けられるようなった光景だが、もとはと言えば米国最大の書店チェーン、バーンズ＆ノーブルが先鞭をつけた。単なる本を販売する場からくつろげる場でもある書店として、テーブルや椅子を用意し、売り上げ促進につなげた。バーンズ＆ノーブルの多くの店で、スターバックスのコーヒーを口にできる。

コロナ禍が広がるなかで、スターバックス最高責任者で社長のケヴィン・ジョンソンはいち早く「サードプレイス――いまだかつてないほど必要とされる第三の場所」と題するメッセージをスターバックスのホームページに載せた。（二〇二〇・五・二四参照）

コロナ禍が広がるなかで、私や私たちは、皆さんの困難を乗り越えようとする他人への思いやりや勇気、つながり、確固とした強い気持ちなどに力づけられてまいりました。……私たちは、家と職場とはまた別の第三の場所、つまりサードプレイスのあり方をいっそう強化してまいります。……今ほどサードプレイスが必要とされているときはありません。スターバックスは皆さまにさらに安全安心で、親愛感の溢れる、使い勝手のよい第三の場所を築いてまいります。一人ひとりのお客さまのために、一杯のコーヒーのために、一人の隣人のために。

単に場所や空間だけの問題ではない。

本そのものとサードプレイスの相性は決して悪くない。書店空間で本を手に取り買い求め、さらには自宅や職場でその本をゆっくりくつろぎながら、ときにはやや急ぎながら本のアフォーダンスをしっかり意識しつつ時を過ごせる場所なのである。

本を脇に、あるいは手元に携えて、本来の自分に立ち返ったり、ほっと一息入れたりする――サードプレイスと本には互いに通じるところが幾つかある。

小道具としての本さえあれば、どこでも読書の場を「サードプレイス」に仕立て上げることも可能だ。

ここでは本そのもの、つまり本自身、本のある場所や本の置かれた状況、本が手に取られたときなどに応じて、本の三つの特性をそれぞれ見てきた。

かいつまんでみると、まず本の「アフォーダンス」。本そのものが持つ本来の物としての底力、形や重みのある本が所有する「モノ」としての本源的な力である。

次に本の、人生の「里程標」としての要素。子どもの時にプレゼントでもらった本を跳躍台（スプリングボード）にして、「トロイアへの道」を切り拓いたシュリーマンの場合がいい例だ。

そして本の「サードプレイス」としての特性。本が書棚に置かれて居心地よい場所を形づくっている書店の店頭や図書館、あるいは本をひも解くのにふさわしいカフェや喫茶店、スナック、居酒屋、これらの空間が提供する「快適さ」である。本があることにより家の茶の間、応接間、書斎などにもその要素はある。そして書店や図書館などに形づくられた書棚には、読者に「セレンディピティ」をもたらす本の「偶発力」が込められている。

ふだんインターネットで得られる情報は、検索やSNSの利用履歴を踏まえたアルゴリズム（問題を解決するための手順や計算方法）によって、利用者向けにそれぞれ最適化（パーソナライズ）され、その個人が好まないと想定される情報や反対意見などは、はなから遠ざけられるきらいがある。

それと異なり、サードプレイスとしての書店や図書館の棚に置かれ並べられた本は、読者が偶発的な情報を時にはセレンディピティも入手できる貴重な場だ。

本はもとより、本が置かれた図書館の棚や書店の売り場に並べられた偶発的なプッシュ情報としての意味合いはもっと重く受け止められてよい。

これらの本の特性はいずれも、画一化や均質化が進み、デジタル化が進行し、何かと落ち着かないいまの世の中でこそ、あらためてしっかり認識し評価したい価値であり「効用」である。

第3章　紙の本をどう評価するか

1 『ペーパーレス時代の紙の価値を知る』

「情報を見て処理するだけならPC（パソコン）やタブレットで十分だが、腹を据えて文書を読み書きするなら、やはり紙で作業したい。そう考える人は多いのではないだろうか。……人文学的な観点から紙での読み書きを礼賛した書籍は多い。しかし、科学的な根拠や数値を示しながら、紙での読み書きのすばらしさを解き明かした本は、ほとんどない」――として出版されたのが、『ペーパーレス時代の紙の価値を知る――読み書きメディアの認知科学』（産業能率大学出版部）である。

書籍を作り上げる「紙」にこだわり、紙による読み書きのよいところとわるいところを、微に入り細を穿《うが》って解き明かしている。

共著者の柴田博仁・大村賢悟はそれぞれ認知学・認知心理学の専門家としての立場から、読み書きのパフォーマンスで「紙」と「電子メディア」のいずれが優れているか明らかにしようと、様々の実験をおこなった。

読み書きのパフォーマンスとは、読んだり書いたりするときのスピードや正確さのことであり、紙と電子メディアのよいところわるいところを比較実験により客観的、定量的に明らかにするのがねらいである。

この本が意義深いのは、数多くの比較実験を通して、「電子メディアに比べ紙の方が読みやすい」

ことをはっきりさせるとともに、そのような読みやすさは「紙そのものの扱いやすさ（操作性）からきている」ことを見極めた点にある。

紙の文書の読みやすさとディスプレイ上の文書の読みやすさを比較実験したところ、ほとんどの項目で紙の文書が電子メディアより「よい」と評価された。

上位の五項目は、「ディスプレイに比べ紙は（総合的に）読みやすい」「没頭・没入しやすい」「熟読・精読しやすい」「一覧しやすい」「読んでいる場所がわかりやすい」だった。

回答では「熟読・精読する場合、飛ばし読みする場合、複数文書を相互参照する場合のいずれでも、（紙は）ディスプレイに比べて読みやすい」「（紙のほうが）誤字・脱字や文章のつながりの悪さを……より容易に検出でき、読書スピードも速く、目の疲れも少ない」などの指摘が多くみられたという。

調査がおこなわれたのは二〇〇八年とやや古い。が、柴田らは「その後の電子メディアのディスプレイ品質向上などを考慮に加えても、この結果は現在でも基本的に当てはまる」と判断する。調査はオフィスワーカー（八二六名）を対象にウェブアンケートでおこなわれた。

対象が電子機器をふだんよく使う人だと、紙を好む度合いが変わってくる可能性もあり得る、として二〇一二年三月、あらためて電子機器をよく使う人（五五四名）を対象に追加調査した。が、幅広い文書の読み取りや閲読で、やはり「（電子メディアに比べ）紙のほうが読むのに適したメディアとみなされ」た。

紙が読みやすいメディアとして評価されたのは、「絵本」がトップ、以下「専門書」「教科書・参考書・問題集」「専門誌・学術雑誌」などの順だった。

柴田らは、電子端末や電子機器を多用し、ふだんよく電子メディアで閲覧・閲読をおこなう利用者でさえ「(読むのに)紙が最適だと考える場合が多くある」と指し示す。

「紙媒体」と「デジタル媒体」の利用をめぐって日本製紙連合会(東京・銀座)がおこなった同種の調査がある。(対象は四七都道府県の二〇~六〇代の男女ビジネスパーソン、サンプル数六二三。二〇一九年一一月ウェブによる調査)

ふだん「紙で使いたいもの」、「デジタルで使いたいもの」についてそれぞれみると、「紙で使いたいもの」の問いには、「書籍」(七四%)、「手紙」(六九%)、「マンガ」(六二%)、「雑誌」(六一%)、「手帳」(五九%)、「新聞」(五四%)と、「紙を使用すること」に支持が多かった。一方、「デジタルで使いたいもの」としては「写真」(八四%)、「地図」(八〇%)など。

紙を支持する理由としては、「書き込みや切り貼りができる」(四三%)、「持ち運べる」(三二%)などの機能面や、「温かみがある」(三一%)、「さわり心地」(二九%)などの感覚面や情緒面を挙げているのが目立った。少数とはいえ「匂い」(一五%)もあった。

六割近い支持のあった「紙の手帳」についてさらに聞いたところ、「今後も紙の手帳を使い続けるつもり」が四三％（「ない」は三七％）だった。

デジタルに比べ「紙の手帳」のよさは、「予定以外にもメモができる」（五七％）、「（データがどこかへ）飛んで行ってしまわない安心感」（四〇％）、「手書きなので愛着が持てる」（三二％）だった。

一方、デジタルのよさは「（スマホ、パソコンなど）どこからでもアクセスできる」（五八％）、「修正が容易」（四四％）などが目立った。

調査主体が製紙連合会であることを考慮にいれ割り引いても、「紙」や「紙の本」「紙の手帳」が好まれていることを示す興味ある結果だといえる。調査結果はおおむね、私たちが日頃の生活で得られる印象にも沿う。

2　認識するのに「負荷が軽い」紙の本

柴田らの調査から浮かび上がってくるのは、「読む」「見る」という同じような行為であっても、「紙の本」で「読む」場合と、「ウェブなどの電子画面」で「見る」場合では読み方や見方が異なる、ということである。

まず、クリックありき。

ウェブなどの電子メディアだと、クリックし入力しなければ何ごとも始まらない。

クリックさえすれば答えはほぼ即時に得られる。

その場で覚えようとしたり考え込んだりするのは得策ではない。下手に記憶したり考え込んだりする時間があるなら、一つでも多く少しでも速くクリックを続け、情報やデータを得るほうが望ましい。作業のねらいに合う。

紙の場合はこれと異なる。

情報は紙にすでに印刷され、固定されている。

そこに必要な情報がなければ、足りないところは自分で頭を働かせて、補ったり推し量ったりせざるを得ない。

ウェブなどの電子メディアだと、ディスプレイ画面をただ「見たり」「眺めたり」することが多くなるが、紙の本では「読み取ったり」「考えたり」する場面がことのほか増える。

「見る」と「読む」の違いがおのずから生じる。

ただ内容を読み取るだけでなく、紙と電子メディアでいくつかの資料を同時並行し参照しながら取り進める調べものではどうか。

柴田らは、「電子メディアだと、右手なら右手は常にマウス操作にかかわらざるを得ず、左右の手を一緒に使えないことが多いが、紙の文書なら両手で同時に複数の文書をさばくことができる。……作業時間について測定したところ、電子メディアによる作業時間は……紙の場合より増える傾向にあった」とする。

操作の慣れについてはどうか。

紙の本や文書でページをめくる場合は、必ずしもいちいちページに目を向けなくても操作でき、実際にめくれたかどうかも手の感触でわかる。電子メディアだと、操作する画面に目をずっと釘づけにしなければならないが、紙の場合は必ずしも視線をそこに向け続ける必要はない。

柴田らは、「紙は情報を実体化（モノ化）する。……紙ではページ内の情報が固定して表示されるから、紙の大きさやページの枚数が情報の量に比例する。……紙の書籍にしても情報量を物理的に見て触って把握できる」のが大きい、と診断する。

紙のアフォーダンスという手助けもあり、認識するのに明らかに「紙のほうが負荷が低い」のだ。

ウェブ画面の特色であるハイパーテキストの存在も便利は便利だが、文章を集中して読む妨げになりやすい。ハイパーテキストとは、画面上の文書の用語が青字や下線付きで表示され、読み手がその部分をクリックすればただちに他画面の関連用語や参考情報に移れる仕組みのことだ。

クリックごとにリンク先の項目や別ページの画面に切り替わってしまうから、結果としてそれまで自分が追っていた内容への関心は途切れがちとなる。

ウェブ画面で集中して読んだりじっくり考えながら読んだりするのは、実はそう簡単ではない。

「文書の中身をまとめて入れ替えたり、取り除いたりする場合、電子画面でマウスやキーボードを操作するほうが便利のようだが、いったん紙にプリントアウトし、赤のマーカーペンで紙に直接入れ替えたり取り除いたりするほうが、よほど手っ取り早く間違いも少ない」――大手上場企業の総務・法務部門に長年身を置いた後、法律事務所で仕事に励む弁護士のAはこう説く。

「推敲は断然、紙」

パソコンでふだん原稿を書く『下町ロケット』などの売れっ子作家池井戸潤は、次のように明言する。

（私の場合）長編作品ではすべてを書き終わった後に一旦プリントアウトする。そして紙に印刷した原稿に赤いボールペンで加筆修正、削除を施し修正していく。……パソコンのモニターで見ている小説と、紙に印刷された小説を眺めると何かが違う。その違いが何なのかは分からない。原稿を書くのはパソコンが便利なのだが、じっくり推敲するのは絶対に紙に印刷したほうがいい。（日経朝刊広告　二〇一四・一・一）

「推敲は断然、紙」というのが経験に基づく持論だ。

池井戸に限らない。

深く考えながら読んだり、注意を払いながら読み進めたりする必要がある場合は、電子画面をプリンターでそのまま紙に打ち出し、印刷された内容を紙でしっかり読む――。先の法律事務所の弁護士Aも仕事の性格上そのように語る。

もっともいまのような情報氾濫時代にあって、「浅い読み方」をするというのは、ウェブや電子メディアにうまく対応するのに欠かせない一つの「生活の知恵」といえる。ハイパーテキストのような電子メディアならではの機能や利点もできるだけ活用したいところだ。

これらの紙と電子メディアの比較調査を踏まえて、柴田らは「メディアの利便性は状況により異なる。……浅い読みは、ウェブや電子メディアに効率的に対応するための読み方であり、現代人には必須のスキルであろう」し、紙を使って慎重に作業を進める場合もあるだろうとして、「紙も含めたさまざまなツールやデバイスの中から、状況に応じて最適なものを選択・併用し、作業の効率と質を向上させる」必要がある、と総括する。

一般に考えられるより、「紙」や「紙の製品」が重い評価を得ているのが注目される。

3 「国語が危ない」——読者・読解力調査

本を読むのは好きだが、「忙しくてダメ」

「回答者の過半の六〇％強が『読書の習慣はない』で、『読書習慣がある』は全体の四〇％弱にとどまる」——秋の読書週間に合わせ民間の市場調査会社クロス・マーケティングがおこなった調査がある。（一五～六九歳の男女一二〇〇サンプルを対象とするインターネット調査　二〇一九年一〇月一部二〇一七年）

その結果からは、最近の読書をめぐる寒々とした光景が浮かび上がってくる。

「読書習慣がある／ない」は継続的に調査を始めた二〇一五年当時はほぼ伯仲していたが、傾向としては「読書習慣がある」が少しずつ減ってきていた。

本を読むことが「好きか／嫌いか」については、「好き」が約七〇％、「嫌い」が残りの約三〇％と、「好き」のほうが多い。


本を読む習慣のある人を対象に、どのようなことで「読書が有用だったり、役立ったりしたか」の問い（選択肢のなかから複数回答）には、「想像力を養うことができた」「新しい考え方や生き方が見つけられた」「新しい言葉やその意味を知ることができた」――が上位の三つ。

「本を読む目的や理由」を聞いたところ（同）、「単純に読書が面白いから」が約七〇％で最も多く、「教養を深めるため」「読解力や文章力を高めるため」――などが上位にくる。「ストレス解消」や「現実からの一時回避」などの答えもあった。

一方、読書習慣のない人にその理由をたずねたところ、「忙しい」が約四〇％と最多。「読みたいと思う本がない」「ほかの趣味の方が面白い」などが続く。

本を読む手段としては、男女合わせて「おもに紙の書籍で読む」が今回の調査で八九％。それまでは九割台を維持してきたが、この調査ではじめて九割の大台を割った。

男女別でみると、男のほうが女に比べ「おもに電子で読む」「紙と電子を使い分けている」「今後電子も利用したい」などと、電子書籍に前向きの姿勢を示す。

数としてはまだ少ないものの、

「紙と電子を使い分ける」「電子で読む」が若い世代を中心に少しずつ増えている。

「おもに紙の本」の人でも、

「紙の方が本を読んでいるという実感がある。電子書籍はあまり好きではないが、とりあえず読んだりするときには電子書籍を使う」「紙が絶版のときや、読み放題を利用するときに電子書籍」

「旅行の時は電子書籍を利用」などの指摘があった。

「おもに電子書籍」派では、

電子書籍を利用するのは「紙よりも電子書籍のほうが安い場合」「紙の本にはない」とき。

「電子書籍で読み、気に入ったシリーズものなどは紙の本も買う」「ちょっと読んでみたいものは、電子書籍だけ」との声もあった。

電子書籍の利用手段としては、スマホが約六〇％と最も多く、次いでタブレット、パソコン、専用端末の順。

「おもに紙の本」派である理由として、上位三つは

「本の重さや紙をめくる音、質感が好ましい」「目が疲れにくく体にやさしい」「形としてそのまま手元に残る」。
同様に「おもに電子書籍」派の理由の上位三つは
「場所を取らず管理が楽」「持ち運びに便利」「画面がきれいで読みやすい」
――となっている。

「本を読まない」大学生が半数以上

世代別にみて若い人たちはどれだけ本を読んでいるか。

大学生の読書時間は平均一日当たり二八・四分。

ゼロ時間、つまりまるで本を読まない大学生が全体の五〇・五%と過半を占める。（全国大学生協連合会調査　二〇二二・三・一一）

「大学生の読書時間ゼロ」はそれ以降の調査でかろうじて五〇%を下回っていたものの、ここにきて再び半数を超える。傾向として大学生の読書離れがはっきりしてきたといえる。

その一方、読書離れと反比例するかのように青少年のインターネット利用時間は増え続ける。

内閣府が一〇～一七歳の五〇〇〇人を対象におこなった「青少年のインターネット利用環境実態調査」によると、一日当たり三時間以上インターネットを使っている青少年は六三%で、平均利用時間は二六三・五分、つまり四時間三九分。高校生では半分に近い四六%が「五時間以上」インターネットを利用している。

子どもの頃の読書活動がその後の成育にどのような意味を持つかについて、国立青少年教育振興機構がまとめた調査研究がある。（全国の二〇～六〇代の男女五〇〇〇人を対象に調査しまとめたもの二〇二一年）

その結果、次のようなことが明らかになった。

人間の能力はふつう「認知機能」と「非認知能力」に分けられるとされる。

「認知機能」はＩＱ（知能指数）のように数値ではかれるものを指し、「非認知能力」は学力テストなどではかることが難しい認知能力以外の能力、つまり、自分を信じ自分を肯定するなどの自己理解力、やる気、粘り強く頑張るといった精神力や自制心などの批判的思考力、子どもの将来や人生を豊かにする社会対応力、などを指す。

- 子どもの頃の読書量が多い人は「認知機能・非認知能力」がともに高い傾向がある
- 興味や関心に合わせた読書経験が多い人ほど、小・中・高を通じて読書量が多い
- 年代に関係なく紙の本を読まない人が少しずつ増加している
- スマートフォンやタブレットなどの電子装置を使った読書が少しずつ増えている
- 読書している人は紙の本・電子書籍に関係なく、非認知能力が高い傾向にある。なかでも紙の本で読書している人の非認知能力が最も高い

これらの調査で見る限り、結果として、読書が子どもの成育にさまざまのよい影響を及ぼしている。

「読解力」――本や新聞などの文章を読んで、その意味や内容を理解する力だ。

その力をはかるのに、国立情報学研究所（ＮＩＩ）が開発した読解力テスト（リーディング・スキル・テスト　ＲＳＴ）がある。

このテストは、本・新聞をはじめ教科書や仕事上のマニュアル・契約書などの文書（ドキュメント）の意味やねらいをどれだけ正確に速く読み取れるか、という読解力を測定するため、ＮＩＩによって考案された。

ＮＩＩは、情報学という新しい学術分野での「未来価値創成」を旗印に掲げる国内の学術総合研究所だ。

まず文章（テキスト）や図表で構成された文書を人がどのようにして理解するかについて、ＮＩＩでは少なくとも次のようなプロセスがあると見立てる。

▪文節に正しく区切る（例　私は学校に行く↓　私は／学校に／行く）

▪係り受け、つまり主語と述語、修飾語と被修飾語の関連性などを正しく認識する（例　美しい

／水車小屋の／乙女　美しい＝乙女）

■主語と述語の項から成る構造や接続詞を正確に解析する（「誰が／何を／どうする」のような文の構造をまちがいなく認識する）

■照応関係、つまり互いに対応する関係性を正しく認識する（例　私はハンカチを落とした。それ＝ハンカチ＝を彼が拾った）

■得られた情報の重要度を適切に判断する。特に与えられた観点から問題解決に必要な情報を適確に取捨選択する

そのうえで、

■新たに得られた用語や文章の意味を、日常生活の経験で得た常識や学校での学習などで得た知識を踏まえ、帰納や演繹などの簡単な論理推論によって、実世界の知識として位置づける

こうしたプロセスを踏まえながら、「係り受けなど文の基本構造を把握する」「代名詞などが指す内容を認識する」「二つの文の意味が同一かどうかを判定する」「論理的に推論する」「文と図表などのイメージ情報を正しく対応させる」「定義を読んで言葉を正しく使いこなせる」の各分野について能力を測定する。

ＮＩＩによると、さまざまの小・中学校・高校、大学、企業、団体などでこのテストを受ける例が増えている。

企業や団体では人員採用時や昇格試験時に同テストを導入したり、社員・所員研修に利用したりする事例もある。

読解力――日本、授業改善などに努める

読解力についての調査結果もある。

「国語が危ない」――OECD（経済協力開発機構）による国際的な学力調査の結果、わが国青少年の読解力の低下も浮き彫りになった。有力紙は「大学やビジネス現場で、文章を正しく読み取れない、言いたいことを正確に伝えられないという『国語力』の危機だ」（読売朝刊　二〇一九・一二・五など）として、一斉に大きく報じた。

この調査はPISA（プログラム・フォア・インターナショナル・スチューデント・アセスメント）。OECD加盟国が十五歳の若い人を対象に、共同で国際的に開発し、実施している学習到達度調査である。国語の読解力として「情報を探し出す、理解する、評価し、熟考する」の学習到達度を国際比較する。二〇〇〇年に始め、三年ごとのサイクルで中心分野を重点的に詳しく、他の二分野については概括的に調べる。

国語読解力（二〇一八年）の調査はOECD加盟三七か国、非加盟四二か国・地域、約六〇万人の生徒を対象におこなわれた。

日本は読解力の平均得点で五〇四点と参加国中一五位。OECD平均は四八七点。

中国（北京・上海・江蘇・浙江）がトップ、二位シンガポール、三位マカオと続く。韓国、米国、英国がわが国より上位にあり、下位にドイツ、フランス、イタリアなどがある。

読解力の国際比較の平均得点を経年変化でみると、二〇一二年に日本は中国（上海）、香港、シンガポールに次いで四位を占めていたが、二〇一八年調査を含めて八～一五位に位置する。（いずれも文部科学省国立教育政策研究所による）

「読書とのかかわり」をみると、日本で「読書は大好きな趣味の一つ」「本の内容について話すのが好き」の項目について「まったくその通り」「その通り」と肯定したグループの方が、「まったくその通りでない」「その通りでない」と否定したグループよりも、読解力の平均得点が明らかに有意に高い。

OECDによると、その後二三年一二月に発表された二〇二二年調査結果では、日本の読解力は三位となり、順位が大幅に上がった。文部科学省がPISAの不振に対応し授業改善に乗り出した効果が一定程度あったとされるものの、OECDでは、「日本はコロナ禍による休校期間がOECD平均を大きく下回り短かった」ことが有利に働いたと指摘している。

読解力の低下は、文部科学省が毎年実施している全国学力テスト（全国学力・学習状況調査）でも明らかだ。

このテストでは、国公私立二万九〇〇〇校の小学六年生と中学三年生合わせて一九一万人を対象に、国語・算数（数学）・理科の学力を調査した。

回答内容をみると、データの活用力や科学的な分析力、文章による表現力等について明らかに問題があり、小六・中三の国語の文章表現力や中三理科の平均正答率は五割を下回っている。

今回からは、学力検査結果との関連について分析するため、スマホやタブレットでSNSやゲームに使っている時間も調べた。

それによると、平日にSNSや、動画の視聴時間（学習やゲームを除く）が「一時間以上」は小六で五〇・六％、中三で七五・六％だった。「四時間以上」が小六で一〇・九％、中三で一五・四％もいた。テレビゲームやスマホゲームの視聴時間は「一時間以上」が小六で七五・七％、中三で七一％だった。

これらの利用時間が長いほど、学力テスト国・算（数）・理三科の正答率は明らかに低い。しかも経年変化では、テレビゲームやスマホゲームの利用時間は小六・中三いずれも、コロナ禍以前に比べ大幅に増加している。（日経、読売など　二〇二二・七・二八〜二九）

まさにいま、国語が危ない状況にある。

将来を担う子どもたちを中心に、まず読書を習慣づける試みがいっそう盛んにおこなわれる必要がある。

「小学校に上がる前に保護者から読み聞かせをしてもらっていた子どもは、その後も読書時間が長い」ことが東京大学社会科学研究所・ベネッセ教育総合研究所の最近の共同調査で明らかになった。両研究所は毎年、約二万組の親子を対象に追跡調査している。
小学校入学前に「週四日以上読み聞かせをした」保護者の子どもの読書時間は小学一年で一日平均一八・六分と、読み聞かせが「週一日未満」だった子どもの読書時間に比べ明らかに長かった。読書時間は、スマホの利用時間が増える中学生になると減少するものの、「週四日以上」読み聞かせを受けた子どもは「週一日未満」の子どもに比べ、一・五〜二倍多い読書量を保っていた。（読売二〇二三・一二・九）
子どもたちは放っておくと、とかくスマホやウェブゲームに気持ちや時間が向かいがちだ。世の中全体に、もっと本を手にとって読むよう促す雰囲気が欠かせない。
読書振興を唱道する明治大学教授・斎藤孝は、こう強調する。

読書は、四股《しこ》に似ている。相撲を取るための素地をつくる最良の方法が四股である。相撲部屋で四股を踏まなくていいというところは一つもない。……読書は思考活動における素地をつくるものだ。……本格的な思考力は、すべての活動の基礎である。経済活動にせよ、詰まるところ思考力である。日本経済の危機が叫ばれているが、読書力の復活こそが、日本経済の地力を上げるための最良の方法だ。（『読書力』岩波新書）

第4章　ネット時代に本とどう付き合うか

1　本は振るわず――コロナ禍後の出版事情

書店数はかつての半分

ここであらためてコロナ禍後の出版の様子を見てみよう。

まず紙の本について。

わが国の出版市場、つまり紙と電子書籍を合わせた推定販売金額は二〇二二年、マイナス成長に終わった。書籍・雑誌を合わせた紙の出版物は前年比六・五％減。コロナ特需の終了や一連の物価高にともなう買い控え機運が売れ行きにブレーキをかける結果となった。電子書籍は前年比七・五％増。紙の書籍・雑誌の落ち込みを電子書籍が埋める構図となっているとはいうものの、わが国の現状では、文字テキストの一般書の電子書籍はまだ僅かな比率でしかない。

出版界の紙の本・雑誌の売り上げはピークの一九九六年まで上り坂を歩んでいたが、消費税の三％から五％への引き上げなどをきっかけに、九七年に前年割れとなり、その後はほぼ一貫して下降線を描いてきた。雑誌売り上げもピーク時の半分程度にとどまるなど、不振が際立つ。

本は物価の優等生とされてきた時期もあったが、昨今は用紙代の値上げ、輸送費の高騰などで、値上がり傾向が明らかになってきた。

このままでは、数量面や価格面で本が高級な嗜好《しこう》品や稀覯《きこう》本になってしまいかねない雲行きだ。

紙の本や雑誌を売るリアル書店の数は減る一方である。

小売りの書店数でみると、わが国の書店数は二一年に一万一〇〇〇店とかろうじて一万の大台を維持しているものの、ピーク時に比べればざっと半分に減ってしまった。

家の近くにあった書店が、櫛の歯を欠くように「いつの間にか姿を消してしまった」という読者の嘆き声があちこちから聞こえるのも無理ない状況だ。

電子コミック好調

その一方、電子書籍は大幅に増えている。主役は電子コミック。

電子書籍の売り上げ総合ランキングの上位作品をみると、一～一〇位はすべて電子コミックが占めており、コミックの電子書籍に占める割合は九割近い（DNP＝大日本印刷グループ　ｈｏｎｔｏ調べ）。

好調の電子コミックを後ろ盾に、電子出版は紙と電子を合わせた出版全体の約三割。

たとえば、出版大手の講談社の場合、二一年の決算で電子書籍の売り上げがはじめて、紙の本・雑誌を合わせた印刷物のそれを上回った。

紙の本・雑誌が不振なのに対し、電子書籍が伸長していることを示す。

出版物の電子書籍化による利点としては、なによりもまずコストが軽減されることが大きい。

紙の場合だと、部数を増やすのにともない紙代や印刷代、輸送費などがかさむが、デジタル化された電子出版物なら、複製にかかるコストははるかに小さい。

出版物を電子化すれば、紙の本・雑誌とは異なり、そのコンテンツ（情報の中身）はネットなどを通じて二次利用される可能性もある。

読者がネットを利用する時間は増える一方だが、それとともに電子化された出版コンテンツもそのお相伴にあずかることができる。（『情報メディア白書二〇二〇』など）

2 「スマホ」「プラットフォーム」「ソーシャルメディア」浸透

「スマホ」

「エレクトロニクス文化への歴史上の突然の転換によって、われわれは見知らぬ場所へと投げ込まれてしまった。……変化はわれわれの上にも訪れている。活字の世界は退化した秩序の一部であって、われわれはそこからどんどん立ち去っていくのだ。……この交替は現代の文化の全体を通じて起こっている。すなわち活字印刷されたページの機構と習慣を離れて、エレクトロニクスのコミュニケーションへの信頼を特徴とする新しい世界へと向かう流れである」――米評論家スヴェン・バーカーツは『グーテンベルクへの挽歌――エレクトロニクス時代における読書の運命』（青土社）で、こう強調する。（バーカーツについては第6章3参照）
「われわれにも訪れている」という「エレクトロニクス・デジタル時代の読書」はどんな変化に

見舞われているのか。

さっと足早に見てみよう。

情報技術の発展につれて、本や出版・メディアを取り巻く環境は激変しつつある。

IT進展のおさらいとして、「スマホ（スマートフォン）」、「プラットフォーム」、「ソーシャルメディア（SNSなど）」三点の急成長ぶりを追う。


まず、スマートフォン、つまり「スマホ」が急ピッチで普及した。

一九八〇年代後半に登場した携帯電話はいわゆるガラケー（ガラパゴス携帯）を含めあっという間に普及のスピードを上げ、二〇二一年にはわが国全世帯の九六・一％に達した。スマホはそのうちの九四％を占めるに至った（総務省『情報通信白書　令和二年版』、NTTドコモ・モバイル社会研究所調査）。

携帯電話登場の大きな意味は、なんといっても「紐（ひも）から電話が解放されたことであった。電話には紐があるという常識を……開放し、インフラを整えていった。……解き放たれた自由なコミュニケーションが可能になり、一方でインターネットとコンピュータが融合し、デジタル技術を用いたコミュニケーションも普及していった」――慶応大学教授で日本語監訳者でもある村井純は、『アンワイアード』（アレックス・ライトマン　インプレス）で、こう指摘する。

わが国の個人のインターネット利用率は二〇二〇年に八三・四％となった。一〇人のうち八人はネット利用者という計算になる。一三～五九歳の各年齢層ではいずれも九割を超える。ネットを利用する端末ではスマートフォンが最も多く、パソコンを大幅に上回る。何の目的でネットを利用しているかについては「電子メールの送受信」が最多であり、「情報検索」、「SNSなどのソーシャルメディア利用」と続く。

ネットとつなぐスマホによって、インターネットの「ユビキタス（どこにでも存在する）」な状況がはじめて掛け値なしに整った。

「プラットフォーム」

次は、スマホやパソコンなどへの「プラットフォーム」サービスの浸透である。

もともとプラットフォームは鉄道の駅などで車両を横付けし、人の乗り降りや貨物の積み下ろしをおこなうために小高く盛られた足場や土台を表す。

ＩＴ分野ではネット上で情報を処理するための基盤や、スマホやパソコンなどを動作させるための基本となる設定や環境を指す。

利用者はプラットフォームで、基本的なソフト（ＯＳ）、電子メール、情報検索などのサービスを使うことができる。

プラットフォームをネット上で事業展開するのが、プラットフォーマーだ。

グーグル・アップル・アマゾン・フェイスブック（現メタ）は世界の巨大プラットフォーマーの

ことであり、頭文字からGAFA、あるいはマイクロソフトを加えてGAFAMと呼ばれる。ヨハネ黙示録に、剣・飢饉・悪疫・獣の力の武器を手に引っ下げ、地上の人間に対して生殺与奪の力を振るう騎士が登場する。

ニューヨーク大学経営大学院教授のスコット・ギャロウェイはGAFAをそれになぞらえて、『GAFA——四騎士が創り変えた世界』（渡会圭子訳　東洋経済新報社）をタイトルに、GAFAM論を展開した。

利用者からすれば、その日のニュースから天気予報、文章情報や数値データ、映像、動画、音声、電子書籍、電子メールなどに至るまでのサービスを、手の平に乗るたった一台の電子機器で入手し、操作できる。

見かけ上は有料でなくても使えるが、その代わり利用者はクリック一つごとに自己の属性や、利用した内容や状況などのデータをプラットフォームの「GAFAM」側に、ただで引き渡す格好となる。

プラットフォーマーはそこでは、利用者に電子メールやSNSなどの場を与え、ニュースや情報検索などをオンラインで提供し、ショッピングモールの運営者か支配人よろしく、利用者とプラットフォーム出店企業を橋渡しする役回りを務める。

利用者がプラットフォームを使用している間中、プラットフォーマーはのべつ幕なしに関連広告を画面に流し込み、そこから入手した利用者の属性等のデータを集計・加工し、よそでは得難い情報としてスポンサーに引き渡す。

一人ひとりの利用者にとって、プラットフォーム上の一つひとつのクリックはそれほどの意味がなくても、全体ではビッグデータとして商品・サービスの売り上げ増加につなぎ得る有用な情報として、プラットフォーマーからスポンサーに有償で提供される。

くもの巣状の「ソーシャルメディア」

インターネットでつながったプラットフォーム上で、利用者がスマホを使って交流する際に重要な役割を担うのが、「ソーシャルメディア」である。そこでの情報受発信は、交流サイトのSNSのように何らかのつながりをもとに形づくられた単位ごとにおこなわれる。

紙のメディアである新聞・雑誌や、電波のテレビといった既存のマスメディアの場合、特定・少数の発信者は無数の受信者とはっきり区別されており、発信者は受信者へと一方向に情報を流すだけだ。

だがソーシャルメディアは、不特定多数の個人やグループ、企業が互いに情報を受発信したり、分かち合ったりして誰でも参加できる「コブウェブ（くもの巣）」状に広がる受発信双方向型の情報メディアである。

ソーシャルメディアを構成する一要素のSNSは、利用者が会員同士ネットで身の回り情報などを交わし合うオンラインサービスだ。そこでは情報を提供し合うというより、友人や知人がそのつながりを踏まえて、互いにコミュニケーションを取り合うのがおもなねらいである。

従来のマスメディアだと、利用者は不特定多数宛てに送られてくる一方的な情報をただ受動的に受け取るほかなかった。

だがSNSなどのソーシャルメディアでは、何らかのつながりがある利用者は受けた情報をさらにシェアする（互いに分け合い、広め合う）ことができる。

これまでに比べ情報の逆流現象ともいえる大きな変化である。


マスメディアは基本的に自分たちで作った情報を視聴者や読者などの受け手に届けることしかしなかった。……しかしソーシャルメディアとスマホが登場したことで状況は変わった。双方向性に優れたソーシャルメディアにおいては、それまで情報の受け手だった一般の人がマスメディアのような情報の送り手になることができ、多くの人に情報を届けることが可能になった。

（『ポスト真実の時代』津田大介・日比嘉高　祥伝社）。


これまでのような上から一方的に情報が流れてくるようなトップダウン型の情報のやりとりだと、目まぐるしい変化がしょっちゅう起きる最近のような状況に、十分対応できないおそれがある。

それに対して、ネットワークがくもの巣状に広がるソーシャルメディアは、激しい変化の時代に応じて編み出された一つの対応策でもあった。

「個々に自律した有機体である彼らは、感情を共有する機械を手に、互いに結びつき、時空を超えたつながりを形成している。流動的に相互作用するそれらの人々の総体が、ソーシャル・オーガニズムという単体なのだ。遍在的な生命体、ソーシャル・オーガニズムは、つねに自分で自分を育て、成長し、進化する」――。くもの巣状に広がるネットワークについて、社会学者の落合陽一は著書『魔法の世紀』（プラネッツ）のなかでこう述べ、さらにおよそ次のように唱える。

利用者は、全員で共有し合う映画館やテレビとは異なる。暗闇のなかであるいは家庭の茶の間で、それぞれてんでばらばらに映し出された電子機器の画面を眺めている。いわば、N対Nとでも言うべきネットワークによるインタラクティブ（相互交流型）なソーシャルメディアのつながりは、（同時に流れている）映像を共有することによって維持される（映画やテレビなどの）社会とはまるで異なる。

……ソーシャルメディアを載せるプラットフォームは、いまや私たちの日常生活に欠かせない「基盤」であり、それを提供するGAFAなどのプラットフォーマーは、私たちの生活に必要な様々のものを汎用化し、共通化させることで価値を提供する。……ひと昔前なら自分でホームページを作るために必要だった機能を、プラットフォーマーは（誰もが）使える共通パーツとして提供してくれる。……インフラ機能を集約し共有できることでその基盤、つまりプラットフォーム上で活動するコストを下げる効果がある。

さらに落合は、「人類の文化は長らく都市を中心に発展してきたが、このようなプラットフォームの思想は『都市』の発想を引き継いでいる」と指摘する。

プラットフォームの都市機能

そこでいわれる都市の発想や機能とはどのようなものか。

たとえば、国土交通省が先にまとめた「都市の基本となる機能」には、次のようなものがある。

- 地震や火災、水害などの災害に対して住民の財産や安全を守り、エネルギー供給、行政、福祉・医療、などの機能を保っていく仕組みが都市として整っており、省エネルギー型で環境負荷の小さい都市を形づくるための交通体系や緑や水の空間を組み込んだ市街地を整え、ゆとりある生活環境を形づくっている。
- 商業や工業、サービス等の新しい産業活動を作り出すとともに、情報・文化・エンターテインメント、会議やコンファレンスなどの機能が複合的に生かせるように市街地が形成されている。
- 人々が集まって語り合い、都市生活を営むのに必要な情報がネットワーク上で行き来する情報拠点や空間が整備されている。地域の人々が互いに交流する機会を確保するため、教育・文化・福祉等の施設や、公園・広場などの公共空間が整えられるとともに、必要な移動手段が用

意されている。（国土交通省「都市計画中央審議会・都市交通・市街地整備部会」報告　一九九七・六・九等をもとに要約）

実際に呼吸し喜怒哀楽を繰り広げながら日々を送る都市の実空間と、ディスプレイ上に展開される仮想空間は別ものであり、もともと異なる。もちろんプラットフォームはこのような都市の発想や機能をすべて取り込むことはできない。

だが、「基本的な構想や総合的な取り組み方には新しい都市の発想や枠組みと底において通じるところがある」という落合の指摘は、プラットフォームが持つ包含力や展開力、新規性や可能性、将来性をうまく言い当てている。

ソーシャルメディアの長所は短所にもなり得る。

たとえば、「信用できる有名人が情報をシェアした情報源の定かでない記事」と、「必ずしも信頼できない有名人がシェアした信頼の置ける情報源の記事」を比較した調査がある。

その調査結果では、前者の「有名人がシェアした情報源の明らかでない記事」が、後者の「信頼できない有名人がシェアした信頼のおける情報源の記事」に比べ圧倒的に支持されたという。（『ポスト真実の時代』）

支持できる情報であるかどうかは、「情報源」が信じられるかどうかよりも「情報をもたらした人間」が信じられるかどうかにかかっている、というのである。
ソーシャルメディアの特徴をよく物語る。

「確証バイアス」という社会心理学の言葉がある。

自分の願望や信念に合致したり適合したりする情報やデータを優先して選び取り、それとは異なったり、反対であったりするような情報を低く評価したり、遠ざけたりする現象や傾向のことだ。

もともとSNSは、「類は友を呼ぶ」ネット上のサークルのなかで同じ考えや意見を持った人同士の間でおこなわれる。

一緒に群れ集まると、それぞれのやり取りを通じて反応したり共鳴したりして、互いに持ち合わせている偏りをいっそう増幅する結果を招きかねない。

まさに「確証バイアス」の轍《てつ》を踏むことになる。

米社会評論家のイーライ・パリサーはいちはやく、デジタル社会で陥りかねないこれらの落とし穴を鋭く指摘、自分にとって都合がいい情報のバブル（泡）ですっぽり覆いかくされた状況を「フィルター・バブル」と呼び、世に警鐘を鳴らした。（『閉じこもるインターネット』井口耕二訳 早川書房）

ＳＮＳで十分うかがえるように、ソーシャルメディアでは文章は「短しをもって良しとする」ようなやり取りが互いにおこなわれる。

そのような短いメッセージの交換は、自己の主張をつまびらかに述べたり、互いに言い争ったりする意見交換型のやり取りには不向きだ。

論議を尽くせず、結局は長いものに巻かれるといった付和雷同型の言い争いに終わってしまい勝ちである。

ソーシャルメディアが持つ一つの弱点だ。

「生粋《きっすい》」のデジタル人間

米国ニューヨークにかつて新聞の特派員として三年ほど駐在したことがある。

米国がバイセンテニアル（建国二〇〇年）を祝おうという時代だったから、だいぶ以前のことになる。

先任の特派員某から引き継いだディープスロート（極秘情報の取材先）の一人からしみじみ聴かされた話がある。

当時六十歳代半ばとおぼしき初老の同氏は、こうぼやいていた。


この国（＝米国）では若いほど、より純粋なアメリカ国民である。――というのはこういうことだ。わが家では自分の三代前の曽祖父が一族郎党を引き連れて、一旗揚げようと東欧の小国からこの国にやってきた。祖父の代になって、祖父はアメリカ生まれの女性、つまり祖母に出会い、アメリカ人同士で、この国で新たに世帯を構えた。祖父母の間に生まれた私の父もまた生粋のアメリカ人同士で夫婦になり、私たちもまたアメリカ人同士で結婚した。だから若い新しい世代であればあるほど、純粋のアメリカ生まれのアメリカ国民、根っからのアメリカ人ということになり、おのずから胸を張る結果となる。

「そういうこともあってか、この国では年寄りはどうも大事に扱ってもらえなくてね」と、敏腕のディープスロート氏は白いあごひげを指でなでながらため息をついたものだった。

デジタル化が急ピッチに広がるなかで、わが国でも、この米国でも、いやおそらくは世界のあちこちで、「デジタル人間こそがいっぱしの現代人」とする若手層と、スマホやタブレットの取り扱いすらおぼつかない手つきである高齢者層の二つにはっきり色分けされつつある。

もっとも同じデジタル人間とはいえ、一九九九〜二〇一五生まれのZ世代のように、初めからいきなりスマホを手にした世代と、PCから手掛けてスマホにまで導かれてきた世代との間には開きがあり、キーボードをタッチするにしろアプリケーションを操作するにしろわずかな世代の相違ではっきり差がある、ともされる。

年齢的にそれほど違いがないベテランのパソコンの使い手でも、スマホ世代の若手には一目置かざるを得ない状況があるようだ。

つまり、若ければ若いほど「生粋《きっすい》のデジタル人間」であり、「ムクのデジタル人間」である、ということになる。

若ければ若いほど生粋のデジタル人間という、かつて米国で耳にした「若い世代であればあるほど、生粋のアメリカ人」と似通った理屈がいま、わが国で、世界でまかり通りつつある。

このテーマについて、後の第七章で登場する探検家関野吉晴は、地上のあちこちを踏破した経験から、ゴリラ研究者で京大総長を務めた山極寿一との対談で、次のように語る。

〈グローバル化までは後輩が先輩から若者が年寄りから文化や慣習を学んだが〉グローバリズムの影響で……年寄りたちの役割は喪失してしまった。……年寄りは知識や経験の宝庫だから最重視されていたのが、そうではなくなったしまった。これは日本や先進諸国だけの話ではない。発展途上国に行くたびに、年寄りが評価されなくなっていることを実感している。……年寄りの知識や経験や技術は生活上も必要なくなり、インターネットやパソコンの方が役に立つ。しかし、たとえばアラスカの、クジラやセイウチを捕っているエスキモーの村ではまるで違う。

そこでは獲物を探すのは年寄りの役割であり、「経験や知識を重ねた彼らは、気候や自然環境などから、獲物がどのあたりにいそうか的確に予想でき、さらに獲物を引き上げた後は、解体を指導(し)……〈もっと右にナイフを入れろ〉とか〈骨の肉はこう外せ〉などの……年寄りの指示に若者が従っている」という。

そうした場では、「年寄りが生き生きとして文化や伝統、自分たちのアイデンティティを次の世代に受け……渡す教育の役割を果たし、人と人のつながりを作り、強める装置ともなっており、社会の原点でもあった」と関野は論じる。（山極寿一・関野吉晴『人類は何を失いつつあるのか』朝日文庫）

若い世代ほどチャキチャキのアメリカ国民であり、スマホやパソコン時代では若い人ほど生粋のデジタル人間であって、年寄りは大事にされない。例外として年寄りがいまでも貴重な存在であり役割を果たせるのは、世界的にもそれまでの知識や経験、技術が依然必要な、「クジラやセイウチを捕るアラスカのエスキモーの村」などにとどまる、という関野の指摘は興味深い。

3 『本嫌いのための新読書術』

ペナックの「読者の権利一〇か条」

興奮によって、想像力が膨らみ、神経がビリビリ震え、心臓の鼓動が速くなり、アドレナリンがほとばしり、あらゆる領域で同一化が行われ、脳が（つかの間）現実の世界を小説の世界と取り違える……。これは読者がみな最初に陥る精神状態だ。（『奔放な読書』藤原書店）

ちょっと以前のことになるが、フランスの作家ダニエル・ペナックはサブタイトルに『本嫌いのための新読書術』とうたうやや型破りな読書論『奔放な読書』を書いた。

その中で読書をめぐる幾つかのうがった見方を披歴している。

本を読むっていうのは……テレビ（を見るの）とは別……読むことは行為なんだ！……テレビは、いや映画だって、よく考えてみると……フィルムの中にすべてが示されているから、自分の力で手に入れるものは何もないし、——（例えば）ドアがギーッと音を立て、恐怖の時がきたことを知らせる……——（これが）本を読む場合だとそういうことをすべて想像しなくちゃならない……読書は絶えざる創造行為だ。

わたしたちが読み終わるやいなや、その本はわたしたちのものとなる。ちょうど子どもが〈これはぼくの本だ〉というのと同じである。……わたし自身にとって不可欠な部分になる。借りた本をなかなか返せないのは、おそらくこのためだろう。……もし自分が読んだものを好きになったらそれを〈返す〉のになんらかの困難を覚えるのは確かだ。

読書が〈人間を人間らしくする〉という考えは、たとえいくつか憂鬱な例外があるとしても、概《おおむ》ね正しい。（ロシアの作家）チェーホフを読んだ後は、読む前よりもおそらくいくらか〈人間的〉になる。

ペナックはこの本を総括して、巻末に「読者の権利一〇か条」（あるいは「読者が絶対的に持っている権利」）を付記した。

その内容は次のとおりである。

①　読まない権利　②飛ばし読みする権利　③最後まで読まない権利　⑤読み返す権利　⑤手当たり次第に何でも読む権利　⑥ボヴァリズムの権利（訳注＝小説に書いてあることに染まりやすい病気）　⑦どこで読んでもいい権利　⑧あちこち拾い読みする権利　⑨声を出して読む権利　⑩黙っている権利（同＝何を読んだか人に話さず、一人で楽しんでいる）――。

読書が及ぼす影響力を諾《うべな》いながらも、本とのかかわり合い方については、形式にとらわれず肩の力を抜いて読書そのものを楽しむことが肝心、と呼びかける。

本に引き込まれる前に、一旦停止

評論家の清水幾太郎は自らの読書習慣について次のように唱える。

本を読み進んで行くうちに、「佳境に入る」というのか、「引き込まれる」というのか、思わず我を忘れてしまうことがある。……私は、ノック・アウトされそうになる瞬間、読書を中止するという癖を持っている。……しばらくの間、私は立ち止って考える。考えた上で、腹を決めて、再び読み続ける。書物は、私が再び読み始めるのを静かに待っていてくれる。……書物は、植物のように、そこに立っている。何度でも読み直すことができるし、吟味や批判の確実な材料になる。……文字や言葉という頼りのないものに辛うじて身を託した精神的なもの、観念的なもの、抽象的なものは、いかにテレビが発達しても、これを映像として示すことは出来ない。それは、書物という古いメディアの内容となるほかはない。――(『本はどう読むか』講談社現代新書)

時折、本を読むのを差し止めて思いにふけったり、お茶に手を伸ばしたりして一息入れる著者の姿が目に浮かぶ。

本とのかかわり合いについて、「本を読むという手間を惜しまない」「本棚には読まなくても本を並べる楽しみがある」「真の読書は、読むことに直接の利益を期待しないことである」――と説くのは、作家の荒俣宏。

さらに荒俣は、「何年も手許に本を持ちつづけるという、腰をすえた付き合い方が、じつはその人の人生を頑丈にする要因の一つになるのではないか」(『喰らう読書術――一番おもしろい本の読み方』ワニブックス)と言ってのける。

読書により、どんなよいことがあるとされるのか。

まず、活字メディアの本や雑誌、新聞を読むことにより、あたりまえのことながら新しい知識や情報をごく普通に入手できる。まるで予期しなかったような知識や思いがけない情報を手に入れる

なる。

これらの知識や情報はものごとを考え思案するために欠かせない「食料」であり、「原材料」となる。

ともできる。

「パーソナル化」されるデジタル情報

グーグル検索などで引っ張り出せる知識や情報はふんだんにある。

膨大な検索の対象件数や迅速な処理速度に、私たちは圧倒されんばかりだ。

だが利用者が検索する言葉を入力して「ググる」と、グーグルは過去の利用実績などをもとに検索結果をえり分け、利用者のねらいに沿うと想定される順に従い結果を提示してくる。

検索結果はすべて「パーソナル化」されている。

グーグルはその適合性を高めるために、利用者の属性をはじめ利用者の関心、興味、過去の検索履歴などを踏まえ、あくまでも利用者に合うような検索結果を提示する。

一見、利用者にそれぞれ個別に対応しているようにみえるが、それらの結果は、あくまでもシステムが様々の条件をもとに利用者に合うように拾い上げてきた検索結果に過ぎない。

言ってみれば、利用者が受け取るのはあくまでも忖度され、斟酌《しんしゃく》された検索結果なのだ。

パーソナル化を突き詰めると、あらゆる面で個人に合わせた……世界が生まれる……。自分が好む人々、物、アイデアだけに囲まれた世界だ……。自分の興味や関心、願望を完全に反映したメディアに囲まれているのだから居心地はいいだろうが、見慣れたものでつくられた世界は、……学ぶものがない世界となる。……新たな洞察や学びに遭遇するチャンスが少ない。……思い込みを吹き飛ばし……世界や自分自身に対する見方さえ変えてしまう体験や発想にであえなくなる。

——パーソナル化現象にいち早く着目したイーライ・パリサーはこう注意を促す。

パーソナル化された情報、偏りのある「忖度情報」を補正したり修正したりしていくには、どうしたらよいか。

情報を入手する場合、「プル型」「プッシュ型」の二つがある。

グーグル検索は必要に応じて情報を検索しそれに対応する答えとしての情報、つまりプル（引き出し）型で情報を得る代表例だ。

これに対してもう一つのプッシュ（押し出し）型の情報入手がある。本や雑誌、新聞などの活字メディアやテレビなど、先方から一方的に送り出されてくる情報を受け取るやり方である。

書店がもたらすセレンディピティ

人は街角の書店に足を運ぶ。

書店の棚は、本や雑誌というプッシュ型情報商品を陳列した場だからだ。

そこに行けばプッシュ型の情報が見て取れる。

ジュンク堂書店の福嶋聡は、人が書店に行くのは「偶然というものの魅力であり、出会いというものの不思議さだと思う」(『劇場としての書店』新評論)と説き、こう指摘する。


書店というメディアには、様々の言説が立ち並ぶ。言説を濾過したり序列化したりする機能は、本来無い。……ミリオンセラーも数百部刊行の本も同じように並ぶことができ、相対立する意見を主張し合う本たちがぶつかり合い、より豊かな結果を生み出すような〈闘技場〉であることが〈書店〉というメディアの特性なのだ。……一〇〇万冊を並べた書店空間にも、必ずバイアスはかかっている。そのバイアスを見極める力が、差し当たり読者にとっての〈書店のメディア・リテラシー(情報を適切に理解し活用する力)〉である。(「世界思想」―特集メディア・リテラシー　二〇一八―春号)

グーグル検索のようなプル型の忖度情報だけに依存しパーソナル化されたデジタル情報群に溺れてしまってはいけない。

それを補うためにも本や雑誌、新聞などのプッシュ型の活字情報そのものにもっと手を触れたり、それらを並べた書店の棚が発信する情報に十分注意したりする必要がある。

『文学は実学である』『和解』『冬の宿』『桜島』『いやな感じ』……

読書は感性を磨き、人間の幅を広げよりよく人間らしく豊かに生きるのによいサポート役となってくれる。

「この世をふかく、ゆたかに生きたい。そんな望みをもつ人になりかわって、才覚に恵まれた人が鮮やかな文や鋭いことばを駆使して、ほんとうの現実を開示してみせる。それが文学のはたらきである」と現代詩作家の荒川洋治は記述する。

そうした文学の実例として、荒川は漱石や鷗外ではありふれているというならとして、「田山花袋『田舎教師』、徳田秋声『和解』、室生犀星『蜜のあはれ』、阿部知二『冬の宿』、梅崎春生『桜島』、伊藤整『氾濫』、高見順『いやな感じ』、三島由紀夫『橋づくし』、色川武大『百』、詩なら石原吉郎」などを挙げ、「何でもいいが、こうした作品を知ることと知らないことでは人生がまるきりちがったものになる。……それくらいの激しい力が文学にはある。読む人の現実を、生活を変えさせるのだ」(『文学は実学である』みすず書房)と文学の存在意義を強調する。

本に共感

文学のなかでも創作や小説の場合は作中の登場人物と相性がよければよいほど、好感が持てれば持てるほど、その人物のものの感じ方、考え方、挙措動作等は自分の疑似体験として拭いがたい強い印象をもたらす。作中で感じる喜怒哀楽はまるで自分の身に降りかかってくるかのようだ。読み手の興味や関心を引っ張り出し、ふだんの自分とは異なる人間としての幅を押し広げてくれる。

自分がそれまで抱き続けてきたぼんやりとした感覚や、漠然とした思いが、本のなかで言葉としてはっきり的確に表現されているのに出くわし、「あゝ、自分が感じもし思ってもいたのは、まさにこのことだ」と思わず膝を叩きたくなるような場面がある。

自分なりに固めてきた感じ方や考え方が、客観的な本の物差しで測ってそのまま通用するのか、どの程度のものであるのか指し示してくれる局面もある。

本を通じて新しい発見や気づきがあり、新たなものの見方に目覚め、あらためて清新な人間観や人生観を形づくるきっかけとなることもある。

本に求めた、というよりアフォーダンスのある本から与えられた、といったところだ。

本を読む場合に想像力が欠かせないということは、米ジェイソン・マーコスキーも著書『本は死なない』で同じように指摘する。

マーコスキーは米アマゾンでキンドル開発の現場責任者を務め、後グーグルに転じた。

映画やビデオゲームは収益性や特殊効果の面では本より優れているが、世界に入り込める度合いに関しては、本に勝るものはない。本は読者をその世界に誘う。読むという行為は、世界に身を浸すことだと言ってもいい。……ただし本には映像や音声がないため、読者が自分の想像力だけで大量のディテール（細部）を補完しなければならない。……本を〈読む〉には、ほかのメディアを読む場合よりも能動的に想像力を働かせなければならない。……たとえば『スター・ウォーズ』を見れば、（敵役の）ダースベーダーがどんなに恐ろしい姿をしているのかを頭の中で想像する必要はない。スクリーンを見るだけで自ずとわかる。ビデオゲームも同様だ。……読書よりも脳に負担をかけずに楽しむことができる。だが映像メディアはそれが弱点でもある。（想像力は）映像メディアを見ているだけでは鍛えられない。……やがて、衰え、退化していく。

むしろ映像の時代であるからこそ、「大量の細部を想像しイメージをふくらませながら読み進まなければならない」本を読むことの特質があらためて見直される格好となる。

マーコスキーは電子機器キンドルの開発に携わっていたことがあるという経歴からしても、本についてこう説き明かす論述は軽視できない。

自己を取り戻す──「読書療法」

「読書療法（ビブリオセラピー）」というのがある。

「読書によって問題を解決したり、なんらかの癒しを得たりすること」（日本読書療法学会）がその定義だ。

読書に没頭することにより、その時々の悩みごとや心配ごとを束の間でも頭のなかから外に弾き出し、本を読むときの集中力、想像力、空想力などを高め、深めるように努め、うつ病などの症状を改善させるのがねらいである。

本が与えてくれる恩恵といえる。

おびただしい量の情報が瞬時に消費され、更新されていくいまの世の中にあって、デジタルの情報サービスを自分の意思で一時停止して、ごく基本となる「生きもの」としての身体感覚を蘇らせたり、自主性を回復したりする必要を、多くの人が感じるようになった。

本を活用した「読書療法」はそれらの人々にも訴求しようとしている。世の中の画一化、規格化、デジタル化に抗う「療法」としても間違いなく効き目がある。

「没頭」し「没入」する

没頭や集中ということに関していえば、昭和時代の哲学者・教育者である塩尻公明（元神戸大学名誉教授）は、禅語でいう「即今《そっこん》・当処《とうしょ》・自己《じこ》（＝われは、いま、ここ）」の生き方や「一行三昧《いちぎょうざんまい》」の大切なことを唱え、「没入の効能」を説いた。

塩尻は一つのことに没頭し、没入することの効能をこう強調する。

第一に、没入せず、散漫で、心ここにあらずの経験はゼロまたは空っぽの体験に過ぎず、没入して取り組んだ経験こそが真の経験を作る。

第二に、「二兎を追うものは一兎をも得ず」で仕事をするときは仕事三昧、遊ぶときは遊び三昧、食事をするときは食事三昧に没入することが、最も有効に人生を送る結果につながる。

第三に、むずかしい問題をいつまでもあれこれ思案し懐疑していても何も始まらない。たとえ取るべき途を誤って価値のより劣るものを選んだとしても、没入してそれを生かすよう努めた真実の経験こそがはるかに勝る。

第四に、没入こそが焦燥やあせりへのまたとない鎮痛剤となり得る。真に現在に生きることは没入によってのみ可能となる。

第五に、暮らしのうえで一貫した生活原理を持っていなくとも、没入した体験によって生活原理を持つのと同様の意味を持つ結果が得られる――。(『天分と愛情の問題』現代教養文庫)

塩尻は、「生き甲斐は、苦痛と格闘した結果生み出されるものではなく、格闘に没入することのなかにある。学問的業績に生き甲斐があるのではなく、学問に没入する味わいそのものに生き甲斐がある。懐疑に悩まされるときには、あくまでも懐疑に没入することによってそれを通過しよう。没入しないことだけが悪いのだ」と「没入」の大切さを訴える。

「いま、ここに、生きる」

「即今　当処　自己」は言葉通り、「いま、ここに、〈自分は〉生きる」だ。終わってしまった過去ではなく、これからやってくる未来でもなく、たったいまのこの瞬間にこそ、ほかの誰でもなく自分のすべてを挙げて生きる——それが大事だというのである。「本に没入する」場合の没入も、まさに塩尻が口を酸っぱくして説く「没入」や「没頭」であり、「いま、ここに、生きる」である。

その「本の効用」は読んでいる間だけのことにせよ、デジタル漬けのふだんの暮らしからしばし足を抜くことができる貴重な機会だ。

4　ネット時代の影の部分

デジタル認知症

インターネットは私たちの暮らしや仕事、そこに住む社会を一変させた。空気や水のように、生活していくのに欠かせない便利な道具となった。これらの情報機器は言ってみれば、いまの時代の「玉手箱」であり、現代の「アラジンの魔法のランプ」である。

日頃の生活で電子メール、インターネット、検索、文書作成、テキストや画像のアーカイブ（保存記録）等々、デジタル玉手箱の恩恵は計り知れない。

一方、ネット社会の新しい慣習や流儀が生む「影」の部分も目立ってきた。デジタルの新たな光に引き連れられてきた影である。


まず気懸かりなのは、スマホやタブレット、パソコンなどデジタル機器への過度の依存だ。「デジタル認知症」という症候がある。

正式な病名ではなく、「スマホ認知症」とも呼ばれる。

スマホやパソコンなどを長時間使って依存度が高まることにより生じる認知症に似た症状を指す。デジタル機器に頼りすぎた生活を続けることにより、物忘れが増えたり記憶力や注意力・集中力が低下したりして、認知症と似たような症状が生じることである。

スマホやパソコンを使う子どもや若い人たちだけではなく、高齢者を含めたすべての年代で起きるおそれがあるとされるが、若年層ほど影響を受けやすく、デジタル認知症を経て、六十五歳未満で発生する「若年性認知症」にかかるおそれもあるという。

デジタル認知症に陥っていないか簡便に自分で診断するのに、「スマホ危険度セルフチェック」リストというのがある。

一例として、全国薬局チェーンの会報誌が取りまとめたチェックリストを見てみよう。

1. スマホがいつも手元にないと不安を感じる
2. 一分でも時間が空いたらスマホを見る
3. わからないことはすぐスマホで検索する
4. スマホなしで知らない場所に行けない
5. 夜、布団に入ってからもスマホを見ている
6. 検索すればわかることは覚えない
7. 行ったことのある場所なのに、スマホ頼みで道を覚えられない
8. 簡単な計算を間違えたり、書けない漢字が増えてきたりしている
9. 頭や身体の疲れが取れない
10. いつも睡眠不足だと感じている

これらの一〇問中七つ以上が当てはまれば、スマホ依存の度合いが高く危険性が「大」、四から六は同じく「中」、一～三は同じく「小」、としている。(アイセイ薬局「ヘルス・グラフィックマガジン」第四三号　二〇二二・三・一五)

スマホ依存の危険度が「大」の場合は、なんらかの対応策を講じることが必要で「僅かな間でもスマホから離れる時間を作る」べきであり、「中」の場合は「スマホ依存の傾向があるので、それ以上依存度が高くならないようスマホとのつき合い方に気をつける必要がある」と同誌は指摘する。

そして
「食事中はスマホに触らない」
「風呂、トイレ、寝室など、スマホを持ち込まない場所と時間を決める」
「スマホから離れ、皿洗いや草むしりなど、無心でできる単純作業を心がける」
などの「デジタル・デトックス」策をおこなう工夫が必要、と注意をうながす。

デジタル・デトックスとは「一定期間、スマホやパソコンなどから距離を置くことで身体と心にたまったストレスを和らげるとともに、目の前にある〈自然と人〉〈人と人〉の直接のつながりに注力する取り組み」(日本デジタルデトックス協会)のことである。

スマホのアラーム音などを消し、ポップアップ通知をオフにしたサイレントモードやマナーモードに切り替えたり、パソコンの電源を切ったりした状態であっても完全に絶縁したことにはならず、利用者の意識は多かれ少なかれ依然デジタル機器に引き付けられたままという。

スウェーデンの精神科医アンディシュ・ハンセンが大学生五〇〇人を対象におこなった集中力・記憶力の調査によると、「サイレントモードにしてポケットにスマホをしまった学生よりも、スマホを教室の外に置いた学生の方がよい検査結果となった。学生自身はスマホの存在に影響を受けているとは思っていないのに、……ポケットに入っているだけで集中力が阻害される結果が明らかとなり、他の複数の実験でも同じ現象が見られた」(『スマホ脳』新潮新書)。

「グーグル効果」

次のような実験もおこなっている。

被験者のグループに美術館を訪問させ、何点かだけ作品を写真撮影させ、それ以外はただ見るだけにとどめるよう指示した。

後刻、判明したのは、「写真を撮っていない作品はよく覚えていたが、写真を撮った作品はそれほど記憶に残っていなかった」ことである。

「脳が、パソコンに保存される文章は覚えないように、写真に撮ったものは記憶に残そうとしないように指示するからだ」とハンセンは同書で説く。

グーグルなどを使いネットで簡単に確認できる情報やデータについては、とかく中身を記憶することなく忘れてしまう現象があり、「グーグル効果」と呼ばれる。

写真撮影の実験結果もその一つといえるが、ハンセンはこのグーグル効果を俎上《そじょう》にあげて同書でさらに次のように説き明かす。

獲得した情報は正確さをきちんと吟味して批判的な問いかけをおこない、その人の過去の個人的な体験と融合させてはじめてその人の「知識」となる。だが、一瞥《べつ》してすぐに遠ざけてしまうと、知識がその人にまっとうに根付くことはない。各人のそれまでの個人的な体験になじまない情報やデータにいくら数多く出会っても所詮その場限りで終わり、「知識」としては身につかない。

「タイパ」

「影」として次に問題なのは、スマホなどのデジタル機器によって、集中したり熟考したりするのが、軽視されがちになることだ。

「タイパ」——三省堂の辞典編集者が選ぶ「今年の新語二〇二二」で大賞に選ばれた。

タイパとは、タイムパフォーマンスの略で、タムパと呼ばれることもある。かけた時間に対する効果や満足度、時間対効果や時間効率をいう。

もとは「コスパ」、つまり費用対効果を表すコストパフォーマンスの略語にならって作り出された。

本や新聞・雑誌などの活字から情報を得ることが主流だった時代には紙誌面の「斜め読み」や「流し読み」が普通におこなわれた。

だがネットやテレビ視聴がごく当たり前になって、それらを倍速視聴、要するに動画の映像や音声を倍の速さに早送りして中身をみようという動きが広がってきた。

映画やドラマなどの映像や音声を数分で筋立てがわかるように圧縮された「ファスト動画」というのがある。それと同じ類《たぐい》である。

このような風潮について、與那覇潤は『過剰可視化社会』（ＰＨＰ新書）のなかで、「世の中がネット検索などでほしい情報が簡単に手に入る状況となり、あらゆることが可視化されてきたのだから、見えないものの価値を想像したり感じ取ったりすることなく、目に見えるものだけを相手にしていればいいのだという発想につながっているのではないか」と危惧する。

作家の藤原智美も同じように、「言語を使って考える、判断するのが人間だとすれば、スピードが最優先されるネットでは、熟考する、内省する、深く考えるという言葉による人間的な営為がないがしろにされている」おそれがあると気遣う。（『スマホ断食——ネット時代に異議があります』）

フランスの認識神経科学者ミシェル・デミュルジェは、その著『デジタル馬鹿』（花伝社）で、スマホなどの電子機器の「画面」は子どもの発達に大事な三つの柱を根底から覆す心配がある、と主張する。

まずは、子どもがスマホやタブレット、パソコン、テレビなどに時間を使うほど「家庭内の人間関係は質、量ともに悪化していく。同じようにパパやママがデジタル機器漬けになるほど、子どもと過ごす時間が少なくなる」。

次に電子機器の「画面」は、「（子どもとの）早期の言葉のやり取りを質、量ともに貧弱に……する」として、「子どもは自分の言葉を展開するのにビデオもアプリも必要としていない。欲しているのは誰かに話しかけられ、言葉で誘われ、ものの名前を言うように励まされ、答えをきちんと言えるように待ってくれること、そして誰かに物語を語ってもらい一緒に読もうと誘われること……である」と唱える。

さらに「人は集中しなければ、目的のために思考を動員することはできない。若い世代は……気が散りやすいデジタル環境にどっぷり浸っているが、コンピュータゲームも携帯ツールなどと同じくらい弊害がある」と説く。

同書は、フランスの文学分野でゴンクール賞などと並び権威があるとされるフェミナ賞を受賞、同国内でベストセラーとなった。

「最近の若い人たちはふだんスマホやタブレットを使ってSNSやメールのやり取りをしているから、言葉を取得したり、文書を理解したりするうえでプラスの影響を受けているのではないか」との見方がある。

これに対し、デミュルジェは次のように真っ向から否定する。

一つ目は、若い人たちがネット上で交換し、調べて得るコンテンツは一般に、伝統的な書籍に比べて言語の豊かさに欠けることだ。二つ目は、ウェブ上では情報のフォーマット（形式）にルールがないうえ、つねに気が散る電子メールや電子広告などの誘惑があることから、複雑な文書を理解するのに必要な集中力が妨げられることである。三つ目は、私たちの脳にとって、「本」のフォーマットのほうが「（電子機器）画面」のフォーマットより理解も操作もしやすいということだ。……資料を読んで理解することに関しては、デジタルネイティブでさえ「画面」より書籍の方が楽である。

電子ゲームで注意力は決して磨かれない

さらに「スマホなどの電子ゲームを楽しんでいる子どもや若い人たちについて、ゲーム遊びを通じて俊敏性や注意力、決断力などが磨かれているのではないか」などの推察も誤りだと指摘し、「ゲームの『マリオカート』の名手が本物のクルマの〈優秀な運転手〉になれると結論づけるのは、超現実主義（シュールリアリズム）（的）であり、荒唐無稽なことだ」と退ける。

スマホやタブレットのアクションゲームで向上する可能性があるのは、「注意力や一般的な決断力ではなく、一部の特別の視覚的注意力……、たとえば外科用内視鏡の操作や軍用ドローンの遠隔操作である。……これらの特殊な状況以外では、コンピュータゲームで得た独特の才能を現実に移行できると思うのはまったくの妄想である」と決めつける。

スマホは脇に置いても、それに気を取られる

デミュルジェが来日、オンラインシンポジウム「教育の急激なデジタル化の問題を考える」（文字・活字文化推進機構、出版文化産業振興財団主催　二〇二一・一二・二四公開）に参加、講演し、パネラーと議論を交わした。

講演でデミュルジェは、「子どもたちがスマホやパソコンなどのデジタル機器に過度に依存するようになると、学校の成績が落ちたり、性格が衝動的で攻撃的になったりする弊害が生まれる」な

ど、あらまし次のように唱えた。

欧州の実際例からすると、子どもがデジタル画面に向かうのはほとんどが「娯楽や遊び」のためであり、十二歳以下では多くがゲームや動画に費やされ、十三歳以上ではそれらにSNSが加わっている。「子ども一人に一台の端末を」という国際的なプログラムがあり、教育現場で進められているが、スペインのカタルーニャ地方での調査などによると、デジタル端末を受け取った子どもはそうでない子どもに比べ学業成績が全科目で低下している。授業で手元にスマホがない場合とスマホをオフにして机の上に置いた場合を比較したところ、机の上にスマホを置くだけでテストの間違いが増え、授業の理解度も下がった。スマホが置いてあるだけで、「スマホを確認しなければ」と脳が活動し、……消耗するからである――。

その上で、デミュルジェは「フランスの学校現場は教師不足に悩まされているが、フランス政府はコンピュータによる教育に置き換えつつある。教師より安上がりで済むからだ。このことは社会的な不平等を増やし、貧しい子どもを犠牲にする結果を招きかねない」と警告した。

デジタル化へのデミュルジェの批判的な姿勢には、ゆるぎないものがある。

オンライン「ZOOM」は目を合わせないのが欠点

コロナ禍の下、リモートワークやテレラーニングなど、オンラインによる人と人のやり取りが広がった。

デジタルに助けられて日常の仕事や学習が曲がりなりにも進み、コロナ禍の影響が和らげられ、薄められたことは間違いなく大きい。

その一方、相手の生身の人間と対面での直接のつき合いが減ったり無くなったりしたことで、デジタルのリモートワークやテレラーニングによる限界もはっきりしてきた。

『スマホが学力を破壊する』（集英社新書）の著書や「脳トレ」のソフトで知られる東北大学加齢医学研究所所長の川島隆太は、「日経ビジネス」のインタビューのなかで次のように論じる。

（実験の結果）対面で会話をしているときには、（互いに話が噛み合って弾んだり啓発し合ったりして）話が盛り上がるとどんどん同期が高まっていくが、オンラインの場合には、会話は続いているのに、まったく同期しないことが分かった。

川島によると、実験は、「脳活動が同期するという現象がオンラインでも起きるかどうか」を探るためにおこなわれた。東北大の学生五人を一組にして、学部の勉強や趣味をテーマに対面とオンラインでそれぞれ会話してもらい、脳の活動を比較した。

オンラインでは対面と異なり、なぜ互いに同期しないのか。

川島はその理由として「(オンラインでは)まず、視線が合わないのが致命的だ」と指摘し、さらに画像は連続して動いているようにみえるが、実際には一秒間に三〇フレーム(コマ)といった何枚もの静止画で構成されている。「われわれの脳というのは非常に精緻なシステムであり、画面に映っているものはリアルな人ではなくて(電気)紙芝居が演じられている(ようなもの)、と認識している」と解き明かす。

これらの実験も踏まえて川島は「(人と人の単なる)情報交換はリモートで、共感を必要とするものは対面で、といったようにきちんとメリハリをつけて考える必要がある」と説き、オンライン中心のコミュニケーションがそのまま続けば、「相手の気持ちを理解できない人だらけの社会になっていく。対面でやり取りせずに、オンライン(だけ)で済ませると、横のつながりはどんどん薄っぺらになり個人は孤立していく……。違う考えを持った個人と直接触れ合うことで多様性を肌で感じることが(私たちの)思考の幅を広げる」と強調する。(「日経ビジネス」二〇二二・一〇・一〇)

これもデジタル化の進展にともなう影の部分だ。

「短縮ことば」には表情がない

置かれた立場や発言した状況は異なるものの、ミス日本グランプリコンテストの審査委員長を長年務めてきた酒井政利は、ネット万能の風潮に対し次のように説く。

酒井は山口百恵らを掘り起こし育て上げた名音楽プロデューサーとして知られ、二〇二〇年文化功労章を受章した（二一年七月物故）。


（デジタルの）ネット社会になって久しい。利便性は圧倒的によくなったが、反面、日常生活では人として大切なことが失われつつある。

例えば言葉は端的で軽くなり、まるで記号のように扱われ、文章や単語を短縮したネット用語が日々新しく生み出されている。……文字数が決まっているSNSに、より多くの内容を盛り込むには「短縮ことば」が不可欠だという。その「ことば」と名の付く記号はネット社会で一瞬のうちに拡散されるが、それらの記号ことばには表情がない。

それを使う文章には行間もなければ情緒もない。短縮ことばは過程を疎かにして結論を急ぐ疑似恋愛のようなもの。心の機微はなく、愛情を育てることを面倒に思ってしまう。そこにあるのは表面を取り繕う形骸化した恋愛でしかないと気付けないのは、心の貧しさの所以《ゆえん》である。

（「ミス日本グランプリコンテスト　二〇一八プログラム」）


酒井はこれもデジタル化の進行に伴う「影」の部分であるとして、画一化や規格化がはびこる昨今の世相の一断面をきわやかに切り取り、指し示す。

第5章　電子書籍化の流れ

1　新しいエディターシップ

外山滋比古、梅棹忠夫

エディターシップとは何か。

『思考の整理学』などの著作で知られるお茶の水女子大名誉教授の外山滋比古（二〇二〇年七月物故）は、「エディターシップ」について次のように唱える。

（私たちの眼前に）外界はまず混沌《こんとん》として出現する。それは分析によって認識に達することができる。「分かる」とは「分かつ」ことだという。……創造にとって分析が不要なわけではないが、より多く統合が求められる。ところが、……一般的に言って、分析の原理のみひとり先行して統合の原理はなおざりにされている。……現象は無限に小さな断片へ解体され続けるけれども、それを再び新しい全体へ構成しようという思考と方法が欠けているために、断片のままで放置されている。……印刷文化の出現にともなって、自覚的な統合作用が必要になり、いわゆる編集というものが生れた。

つまり、編集の過程で、著者の書いたものを読者にわかりやすく整理するのが「エディター（編集者）」であり、その存在やその仕事をおこなうことが「エディターシップ」である、と力説する。エディターシップについて外山は一貫して説き続けており、みすず書房から『エディターシップ』（一九七五）、『新エディターシップ』（二〇〇九）を上梓した。

外山の言い分はこうだ。

本を出すために著者の書いたものをかりに第一次的創造とするならば、「その上に、あるいは、その後に、第一次的創造を素材とした第二次的創造ともいうべきものがなくてはならない。第一次的創造でできたものは相互に脈絡を欠いてバラバラになっている。第二次的創造はそういうものにまとまりをつけ、互いに関係づける働きをする」――それがエディターシップだ、というのである。

例に挙げるのが、素材と料理の関係だ。

「料理」とは、「素材のときに備わっていない性質を新たに付加する積極的な営みであり、生のままでは食べておいしくないものが料理するとすばらしい味になるということも珍しくない」と論じる。

素材を加工し料理することにより第二次的創造としてのご馳走をつくり出すことになる。そのような第二次的創造の行為こそエディターシップである、とする。

外山は続けて「（それらの行為は編集や料理にとどまるものではない。人間は）……バラバラな断片を何とかまとめて日常の連続と綜合をつくり上げ、文化を築いている。……統合の感覚は、いわば生活の中に埋没した人間の素《もと》だというべきかもしれない。したがって、エディターシップは出版の編集技術に限られるものではなく、人間の営為のすべてにかかわりをもつ」と、その意義を強調する。（『エディターシップ』、『新エディターシップ』）

エディターシップという言葉こそ使わないが、ほぼ同様の見解を述べるのは、生態学者で民族学者の梅棹忠夫である。

梅棹は「情報産業」という言葉をわが国ではじめて使ったとされる。

すべてのメディアをとおして、原情報を取捨選択し、加工し、配列するすべての作業を一括して、広義の「編集」とよぶことができる。雑誌編集者にとって、雑誌の各号はそれぞれがひとつの創造的作品である。……書籍の編集においては、創造性は一段とあきらかであろう。誤字の訂正や、語句の修正、活字の指定、判組の構成、紙の選択、造本、装丁にいたるまで、おびただしい創造的作業が必要である。……、その仕事が、きわめて情報的創造性にみちたものであることはあきらかであろう。（「情報と文明」『梅棹忠夫著作集』第一四巻）

デジタルメディアは、エディターシップ不在

ネット時代に多くの情報はエディターシップによってしっかり分析・統合されたり、十分吟味され磨き上げられたりすることなく、そのまま奔流となって利用者のところに怒涛のように押し寄せてくる。利用者は、活字メディアと異なり、エディターシップの不在ないしは不十分な情報群に身

をさらさざるを得ない。

熱を加えられたり、水を入れられたりして料理されることなく、素材のまままいきなり無数の情報やデータが本人の口に突っ込まれんばかりに差し出される。時には、一切のエディターシップ抜きで生のままであったり、腐りかけたりしたような食材が突きつけられることもある。

デジタル時代のいま、活字文化の揺籃期から育て上げられてきたエディターシップの機能や役割の重要性にあらためて光が当てられるのは当然のことでもある。

SNSを例にとって、社会学者で東京経済大教授の佐々木裕一は次のように具体的に指摘する。

SNS……に顕著な短文テキスト偏重がもたらすのは、断片的かつ文脈の共有されにくいコミュニケーションである。これによって私たちは情報を得ても事実を知るだけに終わり、それが意味するところへと思考が向かわないし、ましては知りえた情報で自身の行動を変えることも少ない。相手との意思疎通を欠く傾向にもある。……そのような場合に「私は家族や親しい友人と文脈を共有しているから、短いテキスト（とスタンプ）でも十分に意思疎通ができている」という意見……は間違いとは言い切れないが、それに対してはこう問いたい。「顔を合わせていても相互理解は簡単ではないのに短いテキストでどれだけ文脈を共有できているのだろうか」――。（『ソーシャルメディア四半世紀』）

私たちを取り巻く情報環境を別の角度から取り上げてみる。

部屋のなかをいったんすっかりきれいに片づけたとする。

だがそのうちいつの間にか散らかってくる。

手をこまぬいて放っておくと、あっという間に紙クズやら不用のものやらで乱雑極まりない状態になってしまう。

各自のそれぞれの情報空間も似たようなものだ。

新しい情報やニュースが次から次へと押し寄せてきて、パソコンやスマホなどの情報機器の容量や能力限度いっぱいまで埋めつくしてしまう。

新しい情報や古い情報、どうしても欠かせない情報やどうでもいいようなろくでもない情報、それらをいくら分類し仕分けし直し、デリート（削除）していったところで、いくばくもなくまた溢れかえってしまう。

自然界では、一定の系のなかで一糸乱れず秩序を保っていたものが互いに入り混じって無秩序な状態に、あるいは整然と分別されていたものが混とんとした不整頓の状態に、回帰する傾向がある。

はじめに紅茶とミルクがそれぞれあったとする。

紅茶にミルクを混ぜるとミルクは紅茶全体に広がってミルクティーになる。

特に細工を施さない限り、いったん混じり合ったミルクティーがそれぞれもとの紅茶とミルクに立ち返ることはない。

秩序から無秩序に、整頓から不整頓に変わる傾向があるのだ。秩序の無さや乱雑であることの度合いは「エントロピー」と称されるが、エントロピーはつねに増大する方向を目指す。つまり、無秩序や乱雑さに向かう。熱力学上の「エントロピーの法則」である。

変化の方向は一方向であり、不可逆だ。

紙の本は「錨《いかり》」役

情報も同じである。増えれば増えるほど、乱雑さや無秩序の度合いもどんどん増大していく。そうした傾きのなかで、エントロピー増大の流れに抗うのが、紙の「本」である。本は、アフォーダンスや物理的な秩序を持つ固さや重さがある有形の存在である。エディターシップにのっとって作られた本は、表紙をめくるとはしがきがあり目次があって、本文の内容が最初の頁から順を追い、あとがき、最終頁にいたって完結し、裏表紙がくる。エントロピー増大の流れのなかで、紙の本はエディターシップのもと、完結体としてそれ自身整然とした秩序を堅持し続ける。

紙の本は、私たちの思考や意思、感情、人びとの暮らし、歴史、自然など森羅万象のあらゆるモノやコトが、人類の発明した文字により著者と編集者の共同作業のもと、一冊に凝縮された成果物である。

第一次創造者がその本の著者であるとすれば、エディター、つまり編集者は第二次創造者として元の原稿を踏まえ、文章の校閲から章や節の区分け、見出し、索引、装幀、本の判型などを決め、一冊の本としての体裁を整えて、上梓にこぎつける。

言葉の海のなかを漂いまとめ上げられた草稿が、さらにエディターシップによって新たに命を吹き込まれ刊行本として調えられたのが、読者の手元に届けられる本だ。

紙切れが宙をさまよっているような、デジタルデータが空を飛び交っているような情報の氾濫時代にあって、紙の本は確かな情報のよりどころである。

本が重いのはなにも紙の斤量（目方）だけではない。一種の錨《いかり》の役割も兼ねた重さなのだ。

本、つまり書物・書籍とは何かについて、作家辻原登は他界した装幀家菊地信義への追悼文で、「本とは、紙という素材、図像、色の空間の三次元に、言葉という時間の次元を加えた四次元よりなる〝物〟（書物の物、本物の物）である」と表現する。（「喪友記」日経　二〇二二・四・一六）

編集者六光寺弦も本について次のように論述する。

「書籍」とは、何よりも形ある物だ。指先で頁をめくるときの微かな音、目に優しいクリーム色の紙の感触やインクの匂い、凛とした正字のたたずまい、残り少なくなっていくページを確かめるときの満ち足りた達成感と名残惜しさ。

「書籍」とは、長い時間をかけて淘汰され、洗練されてきた形姿を持ち、五感を挙げて感受する愉びをもたらしてくれる「物」なのだ。情報はのっぺりと均一だが、「物」は一つ一つ違う。そして何よりも「書籍」は文化なのだ。「書籍」が蔑《ないがし》ろにされている国は貧しい国だ。文化を簡便さと引き換えることはできない。(「新潮45」特集「反ウェブ論」二〇一三年六月号)

言語学者の川添愛は電子書籍と見比べたうえで、本について次のように言い表す。

私もどちらかというと、電子書籍より紙の本が好きだ。紙も電子書籍リーダーも「読むための媒体」という点では共通しているが、「本がそこにある」とか「所有している」という感覚に関しては、圧倒的に紙のほうが上だ。……

電子書籍リーダーは中身を容易に入れ替えられるがゆえに、どう頑張っても情報の〝容れ物〟にしか見えない。これに対し、紙の本は人間の頭と同じく、中身を簡単に入れ替えられない。つまり紙の本の持つ「物理的な実体と言葉が不可分に結びついている」という側面が、単なる〝容れ物〟を越え、有機的な存在感を私たちに感じさせるのかもしれない――。(日経夕刊「プロムナード」二〇二三・二・二八)

表現こそ異なれ、本の後ろ盾となっているアフォーダンスの存在にそれぞれ言及している格好だ。

「観察者は自分の要求によってある対象のアフォーダンスを知覚したり、それに注意を向けたりするかもしれないし、しないかもしれないが、アフォーダンスそのものは、不変であり、知覚されるべきものとして常にそこに存在する」――『生態学的視覚論』でＪ・Ｊ・ギブソンはこう言い添える。

デジタルが君臨する「文明」時代になって、活字「文化」に欠かすことのできなかったエディターシップが、別の意味合いからあらためて脚光を浴びた形である。

と同時に、ふだんあまり顧みられることがないパッケージとなった固形物の「紙の本」が持つ意味や役割もまた浮き彫りにされてくる。

2　内外の電子書籍化の機運

電子書籍先進国の米国ではeブック革命起きず

「二〇一〇年当時に想定されていた〈ｅブック（電子書籍）革命〉はやってこなかった」――米オンラインメディアのボックス（Ｖｏｘ）は電子書籍の先進国である米国の状況についてこのように報じた。（https://www.vox.com/culture/2019/12/23/20991659　二〇二三・五・五参照）

その当時というのは、米アマゾンが本格的なｅブック専用端末キンドルを登場させ話題をさらっていた頃のことである。

「ＭＩＴメディアラボの所長だったニコラス・ネグロポンテは『紙の本は五年後にはなくなる』

などと豪語していたが、そのようなディスラプション（崩壊現象）は結局起きずに終わった」（大原ケイ「アメリカ出版業界解説」HON.jp News Blog）といえる。

ネグロポンテにとどまらない。

多くの調査・分析の専門家やアナリストらは「eブックは間違いなく世の中に定着する。ミレニアル世代やZ世代は紙の本を放り出し、その手中にeブックを収めるようになる。市場でシェアを高め、価格も次第に下がっていき、出版界は様変わりとなるだろう」と自信たっぷりにeブック革命の到来を解説、予測してきた。

ミレニアル世代とは、新世紀が到来した二〇〇〇年代に成人を迎えた世代だ。Y世代ともいう。Z世代はそれよりも若く、一九九〇年台後半〜二〇一〇年台前半に生まれた世代である。インターネットを生まれた時点で利用できた初のデジタル・ネイティブ世代とされる。

Voxはさらに続けて「二〇二〇年代に入ってeブックは紙の本・eブックを合わせた出版物全体の二〇％程度にとどまっており、紙の本が依然八〇％程度を占める。ミレニアル世代やデジタル時代の申し子であるZ世代は、eブックを買うことにあまり関心を持たない。スマホにどっぷり浸かってSNSに夢中であり、いざ本を読むとなるとeブックよりはむしろ紙の本を買う」と言及する。

米国のeブック市場については、「二〇二一年調査によると、成人男子が読書でeブックを利用した割合は全体の二〇〜三〇％で、この十年間ほぼ同じ傾向にある」（米国スタティクス「米国の

eブック」）、「米AAP（米出版社協会）に加盟する出版社のeブックが市場の一一％、それに教育・技術専門分野のeブック等を含めると、シェアは全体の二八％程度」（米ニュースレター「マーケット・スプラッシュ」）などの見方が多い。

今後の見通しについて、大原自身は個人的見解としながらも、「eブック比率はあまり変わらないか、もしくはシェアが少し減る。十年後には全体の二〇％程度になるのではないか」（同）と予測する。

米国内であらめて紙の本を見直す声も聞かれる。

「本は、人類が達成した最も重要な発明の一つである。物事が思うように進まないとき、本によって気分転換がはかれる。新しいページをめくるごとに、本は未知の宇宙への扉を開いてくれる。……紙の本はかけがえがない存在だ。……eブックは決して紙の本に弔鐘を鳴らすものではなく、あくまでも補填するものにとどまる」（ナビール・アマド（https://www.librarianshipstudies.com/2022/09/print-books-vs-ebooks-long-battle-for.html「図書館学・情報工学ブログ」二〇二三・五・五参照）といった具合である。

「米出版界でeブックはいまや、ごく当たり前の景色の一部になってしまっている。多くの読書家はそれぞれ紙の本と電子書籍の間でうまく釣り合いを保つようにしている」――アマゾンからキンドルが売り出されてから一五年ほどたつ最近の状況について、米「広告・メディア・アウトルック」はこう解説する。

しかし米、eブック化への備えは十分

米国でeブックによるディスラプションは起きなかったというものの、注目されるのは、次のような大原の指摘である。

（米国では）どんな規模の出版社であろうとも、明確な方針としてeブックを出さない理由がない限り、すでに紙だけで本を出して「逃げ切る」という選択はない。米出版社協会の調査によると、米出版社の3／4近くが（何らかの形で）eブックに取り組んでいる。……eブックに着手しないのは潜在的な読者を「取りこぼす」ことであり、その一方で、eブック版があって当たり前と思う読者が多く、……「eブック版がない」ことは即、そのタイトル（の書籍）への批判に直結する状況がある。（前掲　大原ケイ「アメリカ出版業界解説」）

大原は長年、米国の出版・電子書籍ウォッチャーとして活躍してきた。

ひるがえってわが国ではどうか。

全国出版協会・出版科学研究所によると、わが国の出版市場、つまり紙の本と電子書籍を合わせた推定販売金額は二二年、前年比二・六％減の一兆六三〇〇万円とマイナス成長に終わった。内訳をみると、書籍・雑誌を合わせた紙の出版物は前年比六・五％減の一兆一三〇〇億円弱。そ

の一方、電子書籍は前年比七・五％増の五〇〇〇億円強と、出版市場全体の三〇・七％を占める。とりわけ電子コミックが好調で、電子書籍全体のおよそ九割にあたる四五〇〇億円弱を占める。

紙の書籍・雑誌の落ち込みを電子書籍が埋める構図となっているとはいうものの、わが国の現状では、文字テキストの一般書の電子書籍はごく僅かな比率でしかない。電子書籍＝電子コミックと言い換えてもよいくらいだ。

大原が指摘する「米出版社の四分の三近くが何らかの形でeブックに取り組んでいる」通りだとするなら、わが国の電子出版は米国に引き離され、後塵を拝する格好となる。

3　わが国の電子書籍化、低速前進

電子書籍元年（二〇一〇年）から十数年

電子出版、eブック、あるいは電子書籍とはどのようなものか。あらためて見てみる。

出版ではこれまで、内容《コンテンツ》は紙の本という容れものに詰め込まれ世の中に流通してきた。だが本はもともと「コンテンツ＋コンテキスト」から成り立っている。電子出版はコンテンツだけではなくコンテキストもデジタル的に編集・制作・加工し、一緒に電子書籍としてあるいはネットワーク上で提供する、というものだ。

コンテキストとはふつう文脈や前後関係という意味でつかわれるが、ここでいうコンテキストとはタグ（テキストデータに埋め込まれた特殊な記号や文字例）のついたコンテンツや、注釈のためのリンク、取材メモなどを指す。

コンテンツとともにコンテキストも提供されれば、読者や利用者は紙の本に載せられたコンテンツだけではなく、電子書籍としてさまざまのデジタル端末やネットで検索したり、利用したりできるようになる。

これらの発想によれば、「出版社や新聞社は大きな転回をおこない、大量迅速のデジタルメディアをまず基本に据え、その土台のうえに雑誌や新聞、書籍などを位置付けてメディア展開」することになる。（小著『雑誌よ、甦れ』晶文社　二〇〇九）

紙の本や雑誌、新聞などのメディアを基本に置き、そのうえで電子書籍やネット展開をはかるというこれまでの仕事のやり方や工程は、まさに「逆転の発想」や「コペルニクス的な転回」が求められることになる。

いまの出版の仕事を続けながら大転換を目指すことになり、「時速一〇〇キロ近くで走っている車のタイヤを走行中に取り換えるような困難さが伴う」（ヒュー・マクガイア、ブライアン・オレアリ『マニフェスト　本の未来』ボイジャー）おそれもある。

そのようにして電子化された書籍は「紙の本に対立するものではなく、情報そのもの、つまり物理的な形状を保有しない純粋コンテンツ（である）。コンテンツを出力する媒体が紙であるか、電子的な端末であるかを区別する必要は（ない）……。今、本は長い歴史を経て、ようやくコンテンツになりつつある」（萩野正昭『電子書籍奮戦記』新潮社　二〇一〇）。

ここでわが国の電子書籍化の状況を見てみよう。

「ディスプレイ画面がより大型化し、ページ送り速度が上がり、いっそう使いやすくなった」――アマゾンが「キンドル（Ｋｉｎｄｌｅ）シリーズ」の最新作として発表・発売したキンドル・ペーパーホワイト第一一世代が人気を呼んでいるという。

これまでと同様に、電子ペーパーと呼ばれる反射型の液晶を使っているので普通のタブレットなどに比べると画面を見ても目がチカチカせず、紙に似た感覚で目に優しく読書が楽しめる、防水機能が備えてあるので浴室でもそのまま利用できる――という触れ込みだ。

選んだテキスト部分にマーカーをつけるハイライト機能や、わからない単語の意味や翻訳内容を表示する辞書機能などもこれまで通り使える。

「キンドル特別会員（アンリミテッド）」に登録すれば電子書籍は読み放題楽しめる、と宣伝文句にある。

キンドルに加え、ｉＰｈｏｎｅやｉＰａｄなどのスマホやタブレット、パソコンなどの情報機器も普及が一段と進んだ。

通信技術ではクラウドサービスの利用が広がっている。わが国企業の七割はクラウドサービスを使っている、とされる。（二〇二一年時点）

クラウドサービスとは、インターネットを利用し、サーバー（サービスを提供している企業側の送受信用コンピューター）に保存してあるデータやファイルにたやすくアクセスできるサービス。「利用者はスマホやパソコンなどの情報機器とインターネットが使える環境なら、どの端末からでも様々のサービスを利用できる」（総務省ホームページ）。

電子書籍を制作し、利用するための電子書籍ファイルのフォーマット（データを読み書きできるようにする作業・書式）は、国際電子出版フォーラム（IDPF）が策定したEPUB（エレクトロニック・パブリケーション＝電子出版）規格が電子ファイル用の標準として重用されるようになってきた。

EPUB最新版では、縦書きやルビ表記など日本語の組版への対応も取り込まれている。

電子書籍が読まれるためには、三つの要素がそろっていなければならない。それはまずデジタル化されたコンテンツ（作品）であり、読むためのハード（読書端末）であり、それを流通させるためのネットワークである。（『ブック革命　電子書籍が紙の本を超える日』）――

日経編集委員の横山三四郎はかつてこう書き連ねた。

二〇一〇年前後をはじめこれまでに何度か「電子書籍元年」として注目された時期があったものの、実のところわが国でも大きな進展はなく推移してきた。

『居眠り磐音』電子書籍化

しかしいまや、佐伯泰英が「居眠り磐音」シリーズ一二三作品の電子本発行に同意するなど、作家の間で電子書籍に前向きに取り組む動きが出てきた、キンドルなどの電子書籍リーダー（電子書籍閲読用の端末。電子書籍ビューワーとも）やｉＰｈｏｎｅ、ｉＰａｄ、パソコンなどの情報機器が勢ぞろいしている、クラウドの通信環境も整ってきた、日本語対応も可能な電子出版の国際公開規格ＥＰＵＢも制定された——出版界が電子出版に本腰を入れ、読者が電子書籍を利用するお膳立ては整いつつある。横山が唱える三つの要素は満たされつつある。

「なぜいま、電子書籍か」。

佐伯は版元の文藝春秋を通じて、次のようなコメントを発表した。

私は八十を前にしたアナログ人間だ。……私は作家として最後まで電子書籍には手を出すまいと思ってきた。時代小説と電子書籍、どこか相性が悪いような気がしていたからだ。だが、……コロナ禍、出歩くのも難儀な世の中が到来した。……この二十年あまりで刊行した文庫二七一冊が並んだ本棚をふと見て迷った、悩んだ。それなりの空間がタブレットひとつに収納できる手軽さ、便利さを考えたとき、変節した。私の覚悟をデジタル時代があっさりと蹴り飛ばしたというわけだ。

『ハンチバック』（市川沙央）でも明かされたように、高齢者や目の不自由な読者、手や体の自由が利かない読者の間には、字体や文字の大きさを自在に変更でき、軽くて使い慣れたスマホや小型タブレットでも利用可能な電子書籍に期待する声が強い。

「誰もが読書できる社会を目指して」と、「読書バリアフリー法」が二〇一九年には施行されたが、はかばかしい成果はまだ上がっていない。そのためには何よりもまず、電子書籍の発行点数が抜本的に拡充される必要があるだろう。

はなから電子書籍を

電子書籍の場合、その発行には大きく分けて二つの取り進め方がある。

まず一つは紙の本をもとに、電子書籍をつくっていくケースだ。編集の諸掛りや校正のためのコストなどは紙の本であらかたまかなわれる。

もう一つは「デジタルファースト」あるいは「ボーン（生まれつきの）デジタル」と呼ばれる電子書籍と紙の本を同時に発行する、あるいは電子書籍のみを出す場合だ。

前者だと、当然のことながら、電子書籍として制作する分の費用の追加負担が必要になる。後者の場合は、最初の段階から紙の本、電子書籍いずれも織り込んだ費用となる。

これまでは紙の本をもとに電子書籍も制作するケースがほとんどだった。「ボーンデジタル」と呼ばれる電子書籍と紙の本を同時に発行するあるいは電子書籍のみを出す例は少なかった。

しかし識字率が高く、情報への需要が潜在的に高いわが国で、電子書籍のほとんどをコミックが占めるという状況はどうみても穏当でない。

一般書籍がボーンデジタルとして電子書籍でも販売され、読者がネット上でも気楽に手を伸ばせるような状態をもっと作り出せないものだろうか。

米ハーバード・ビジネス・スクール教授のクレイトン・M・クリステンセンは、『イノベーションのジレンマ』（伊豆原弓訳　翔泳社）で、それまで成果を上げてきた企業が、その事業、モノやサービスを守るため新しい発明や新たな発想を取り入れることに二の足を踏みがちだ、という事例を具体的にえぐり出し、白日の下にさらしてみせた。

もっぱら「紙の本」の出版でやってきたわが国出版界がそのひそみに倣《なら》っていないか、という懸念がある。

自由国民社でながい間社長の任にあり、JEPA（日本電子出版協会）会長も務めた長谷川秀記の「予言」が知られている。

長谷川は、JEPA設立に貢献するなど、電子出版の発展に尽力したが、「『自分が死ぬ頃には紙の本より電子の方が圧倒的に優勢になる。これだけは断言しておく』と生前、周囲に話していた」（自由国民社　森誠一郎「EPAウェブ会報」二〇一八・五・二七）という。

出版大手による電子出版の動きは活発なものの、出版界全体ではいまだに「印刷本の電子化」だけにとどまっており、ただ防衛的に対処している印象が否めない、として「電子辞書の初期のように新しい媒体や機能を積極的に利用した（電子書籍の）開発こそ『出版のサバイバル』に必要なことだと考える」――それが長谷川の持論だった。（「日本の電子出版　三〇年の軌跡」「情報管理」二〇一六年一二月号）

長谷川は残念ながら、紙の本より「電子の方が圧倒的に優勢」になるのを目にすることなく、二〇一七年世を去った。

紙の本を出し続けるためにも、電子化に注力

多くの事例でみたように、読者はもちろん、作者の間にも紙の本を好む機運が強い。だからといってそこに甘んじていたのでは、いまは何とか維持できている紙の本の出版そのものが、事業としてやっていけなくなる事態に追い込まれるのは避けられないだろう。

読書にとどまらず、まさに「本もいま、危ない」のだ。

逆説的な言い方になるが、これからも事業として紙の本を出し続けていくためには、体力のあるいまのうちに一般書の電子書籍発行に道筋をつけておく必要がある。

紙の本を基本に据えながらも、デジタル化に対応、くもの巣型のネットワークやＳＮＳを足掛かりにして、電子書籍による情報発信を試みるなど、読者がオンライン環境を手軽に利用できるような状況が整えられないものか。

出版各社が電子書籍に力を入れて取り組むことで事業の幅を広げ体力を増強し、そのことにより出版界が今後とも「紙の本」の発行を堅持、継続していく方法が探れないのだろうか。まだ体力のあるいまが好機である。

ふだんの暮らしで、ネット上のプラットフォームを使って「知りたいことを検索し、SNSでコミュニケーションし、欲しいものを購入し、動画や音楽を見聞きし、旅行・宿泊・食事を予約するのが、ごく当たり前の世の中になってきた」――令和元年（二〇一九年）版情報通信白書はこう指摘し、国内に足場を置くプラットフォーマーとして、LINEヤフー（SNS・広告・検索）、楽天、メルカリ（電子商取引）を掲げた。

同様に「日経ビジネス」は、「少数ながら、独自のプラットフォームによって成長を遂げつつある日本企業は存在している。……個人間取引のプラットフォームを提供するメルカリ、検索型求人サイトを展開する米インディードを傘下に抱えるリクルート、……LINEヤフーを持つZホールディングスなどがその例だ」――「プラットフォームとは」の記事のなかで、こう指摘する（二〇二一・六・二一号）。

米GAFAM（グーグル、アマゾン、メタ＝旧フェイスブック、アップル、マイクロソフト）や、中国BAT（バイドゥ＝検索、アリババ＝電子商取引、テンセント＝ゲーム）に規模では及ばないものの、わが国「国産」である。

LINEの場合、「主要なニュースからあなたに合った話題まで」を掲げ、ニュース面の拡充を打ち出した。プラットフォームで提供するニュースについて「一覧から選んで消費する」から、「より個人に合う情報をその場で深く取得できる」ように改良していく意向（二〇二二・一二・一四広報資料）という。

仮に出版社などのメディアがプラットフォームに乗り出すとすれば、どのようなやり方があるのか。

野村総合研究所の小宮昌人らによれば、二つある。

一つは自社がプラットフォーマーになる『プラットフォーム展開戦略』であり、もう一つは既存プラットフォーマーを徹底的に活用・連携……する『既存プラットフォーム提携戦略』である。（『日本型プラットフォームビジネス』）

自社で新たにプラットフォームを独自に展開しないでも、「既存のプラットフォーマーと連携することにより成功した事例は多数存在する」と、小宮らは強調する。

総合的なニュース、天気予報、オンライン辞書、メールサービス、検索エンジンに加え、いまの新聞が「文化欄」や「文化面」で取り扱っている本や雑誌の紹介・推薦記事、スポーツニュースを網羅したテレビ・ラジオの番組表、同解説、テレビ放映の映画番組紹介・推薦記事、本・雑誌のメルカリ（売り買い）機能、SNS機能、などを備え、ネット接続の玄関となり得るポータルサイトであれば言うことなし、それがむずかしいのなら、新刊書・古書の本や雑誌のレビュー、書評、紹介、本・雑誌の売り買い機能などに特化した専門深堀型のプラットフォームでもよい。既存の本・雑誌関連のプラットフォームが幾つか大同団結し一本化することも考えられる。

一種の非常事態といえる状況のなかで、一社では困難なら、新聞・出版など三〇社が広告分野で実現に踏み切った「メディアストリング」のように、志を同じくする何社かが互いに手を結び、新しいプラットフォームの実現かそれに近い試みに挑戦する可能性はあり得る。（後述　広告分野のデジタル化の動き）

「ノート」――デジタル化の新たな動き

一部では幾つかの試みが始まっている。

「だれもが創作をはじめ、続けられるようにする」を掲げて、「表現と創作の仕組みづくり」のためにプラットフォーム展開を急ぐ新進のメディア企業がある。

「ノート」だ。

文章、イラスト、コミック、写真、音声などの創作活動を支援し、それらのデジタルコンテンツをメディア・プラットフォームに載せ、オンラインで提供する。

同社は二〇一一年に創立され、「デジタルコンテンツの企画・制作・配信」を手掛ける。二二年末には東証グロース市場に上場を果たした。

ノートはクリエイターの会員五五〇万人を抱え、利用者は月間延べ六三〇〇万人を超えるようになった。（数字はいずれも二二年五月）

文藝春秋、日経、テレビ東京などがノートに出資している。

文藝春秋は二〇一九年一一月、ノートのメディア・プラットフォームを利用して念願の有料電子版「文藝春秋デジタル（現文藝春秋　電子版）」を発刊、月刊文藝春秋のほぼすべての記事をオンラインで配信し始めた。

デジタル定期購読サービスの開始にともない、両者は資本提携契約を結び、文春はノートに出資した。

文春社長の中部嘉人は次のようにコメントする。

文藝春秋は、作家の菊池寛が『人に頼まれて物を言うのではなく、自分で考えていることを自由な心持ちで言ってみたい』と思い立ち上げた雑誌から始まった出版社。ノートは全《すべ》てのクリエイターのためのプラットフォームとして誕生したと聞いている。菊池寛が創刊した雑誌『文藝春秋』に似ている。……未来を担う書き手（クリエイター）を発掘し育成する――ノートはそうした私たちの志を共有するパートナーだと考えている。

これに対して、「菊池寛はクリエイターによるクリエイターのためのメディアである『文藝春秋』

をつくり、……文藝春秋社を創立した。そこから数々のスターと数々の作品が生れてきた。……私たちがいまやっている事業は、それを現代でやったらどうなるだろうかという仮説と、その問題解決の試みだと思っている。……両社の強みを生かして、誰もが創作をはじめて続けられる未来をつくっていきたい」――ノート代表取締役の加藤貞顕はこう強調する。(発表資料による)

活字メディアの一方の雄と、デジタル・プラットフォームの新進の担い手が連携した新たな試みとして注目される。

広告分野のデジタル化への動きもある。

出版の講談社、小学館、雑誌の集英社、新聞の朝日、読売、日経などのメディア三〇社はこのほど、合同で事業を立ち上げた。そのブランド名称はコンテンツメディアコンソーシアム「メディアストリング」。

利用者がネット上のウェブサイトにアクセスした際の、ウェブ側とやり取りした氏名、利用日時などの基本情報は識別情報とともにウェブに一時保管され、「クッキー」と呼ばれる。

クッキーはウェブ広告などにも使われるが、本人が直接訪れたウェブサイト以外のクッキー、つまり「第三者クッキー」を利用することは、個人情報保護のため制限が加わりつつある。

こうした事態に対処、ウェブ広告の維持や発展のため、メディア大手などが中心になり「メディアストリング」を結成し、打開策を講じようというもの。

このコンソーシアムは第三者のクッキーを利用することなく、参画したメディア三〇社が抱える約一五〇の媒体に掲載される記事のコンテクスト（文脈）を横断的に解析し、それらの掲載記事やコンテンツにふさわしい広告を各種媒体に載せ、広告効果の向上を目指す。

このような新しい形の広告はコンテクスト広告とよばれ、媒体側は掲載記事などのコンテンツと自ら保持する顧客データをもとにコンテクスト広告を掲載する。共同で受注したウェブ広告は内容に応じて各社の媒体に配信する。ニュース中心かエンターテインメント系かなど、それぞれの媒体の特性や利用者の性別、年代などに応じて、最適なものを掲載媒体に選ぶという。

対象のメディアはあくまでも三〇社の一五〇媒体に限られるため、広告主が想定してもいない媒体に載せられたり、商品やブランドのイメージに合わない媒体や信頼性に欠ける媒体に掲出されたりすることが避けられる、としている。

ウェブ広告の分野ではＧＡＦＡＭなど米巨大ＩＴ企業の寡占状態が続いているが、このコンソーシアムには、互いに競争関係にあるメディア各社が呉越同舟で手を結び連携することによって、ＧＡＦＡＭなどに対抗していく意向があるとみられる。

電子書籍や電子版の販売で新たな展開もある。

カナダのｅコマース（電子商取引）企業ショッピファイは二〇一七年、わが国に日本法人を設立、企業や個人の電子商取引斡旋、電子書籍の拡販に乗り出した。

ショッピファイのプラットフォームを利用して、販売部数を誇る五十歳以上の女性向け月刊誌「ハルメク」（ハルメク）、週刊文春元編集長の花田紀凱が編集責任者の「月刊Ｈａｎａｄａ」（飛鳥新社)、「子どもの科学」で知られる誠文堂新光社のデザイン雑誌「アイデア」などの雑誌、中央経済社のビジネス書など、電子版雑誌・書籍の販売を進める。

出版界が首尾よく電子書籍化をさらに進めた暁には、それらをプラットフォームに載せ、他のメニューと同様読者にオンラインでサービスすることが可能となる。

コロナ禍を経て、電子書籍そのものやその周辺にも変化が起きている。

「いつでもどこでも、……マンガや本があることで、一人でも多くの方の人生を豊かなものに変えていくために、皆様への新しい出会いと自分の『好き』に心ゆくまでひたれるサービスの提供をお約束します」――「日本最大級の電子書籍ストア」を掲げるブックライブはこうホームページでうたう。

それによれば、マンガやライトノベルにとどまらず、小説・文芸・ビジネス・実用書・雑誌・写真集など幅広い分野で一三〇万冊以上の取り扱い対象を誇る。

凸版印刷を中心に、CCC(カルチュア・コンビニエンス・クラブ)、東芝、NECなどが出資している。二〇二三年にはテレビ朝日も株主に加わった。

hontoはDNP(大日本印刷)が、翼下の丸善ジュンク堂書店、文教堂などと共同運営する「紙の本」と「電子書籍」、つまり「リアル書店」と「ネット書店」のハイブリッド(組み合わせ)サービスが特徴だ。

利用者のなかには、外出先か家かで紙の本と電子書籍を使い分けたり、大事な本は「紙の本」で保管しふだん読むのは「電子書籍」を利用したりするというケースもあり、それらに対応するためという。

ｈｏｎｔｏでは、「〈継続〉ならぬ〈継読〉は力なり」として、読書体験を身につける「継読」キャンペーンを展開する。

ｈｏｎｔｏ登録会員であれば、月額九八〇円（税込み）で継続会員になることができ、プロの書店員による三冊の図書紹介、新刊オンラインイベントへの参加、割引クーポン・送料無料クーポンの交付、「本代キープ制度」による本の継読支援を受けることができる、というのがうたい文句だ。「継読は力なり」で、ｈｏｎｔｏでは「会員は入会前に比べ読書量が大幅に増える」と触れ込む。

国会図書館など、デジタル化進む

わが国の公共図書館の「総本山」ともいえる国会図書館（ＮＤＬ）で、所蔵する図書のデジタル化の動きがある。

ＮＤＬは二〇二二年五月から「個人向けデジタル化資料送信サービス」に着手した。

ＮＤＬがこれまでにデジタル化した図書や資料のうち、絶版となっているものや絶版間近のものをインターネット経由で個人向けに送信する。

対象になる図書・資料はＯＣＲ（光学文字認識）によりデジタル化された手持ちの図書・雑誌・

博士論文等の資料一八四万点。著作権の保護期間満了となり、ネットで公開可能なものも合わせると、全部で二四二万点の図書・資料となる（二〇二三年二月末時点）。デジタル化された図書・資料は、閲読した後、個人の自宅や会社のプリンターで印刷もできるようになった。

本や雑誌の愛好家にとっては、大きな福音であり、恩恵である。ツイッターなどのSNSで日頃あまり取り上げられることのないNDLが、新サービスをめぐってネット上大きく紹介されて話題となり、盛り上がったという。

出版社など図書等資料の発行者は、戦後まもなく一九四八年（昭和二三年）に成立した「国立国会図書館法」により、国内で発行した出版物は必ずNDLに納入するよう義務づけられている。

納本された図書・資料はOCRによりデジタル化され、事実上永久保存されることにもなる。「納本された出版物は、国民共有の文化的資産として永く保存され、日本国民の知的活動の記録として後世に継承」される。（NDLホームページ）

「個人向けデジタル化資料送信サービス」が普及することにより、NDLが抱える図書・資料はいっそう広く有効利用されることになりそうだ。

ほかにも図書館関連のデジタル化の動きがある。

その一つが電子図書館サービス「ライブラリエ」だ。

「ライブラリエ（LibrariE）は、図書館（library）と電子書籍（ebook）を融合するという意味で名付けられました。読者、図書館、出版社、著者を結ぶ架け橋として、電子図書館を効率的に運用し、利用者に快適に利用していただくのがねらいです」――サービス開始にともない、運営・管理を手掛ける日本電子図書館サービス（JDLS）はこのような挨拶をホームページに載せた。

同社は非来館型サービスの強化を急ぐ公共図書館、大学・学校図書館を維持・支援するため、KADOKAWA、紀伊國屋書店、講談社を株主に設立され、その後DNP、図書館流通センターも出資会社として加わった。

電子書籍のコンテンツとしてはKADOKAWA、講談社をはじめ、三〇〇社以上から一二万点以上が集められ、六五〇以上の公共図書館、大学・学校図書館、企業により利用されているという。(数字はいずれも二二年三月現在) ライブラリエの中身としては実用書、学術書、文芸、エンターテインメント、児童書などから幅広く選ばれる。

ライブラリエの人気が高まってきたのは、なんといってもコロナ禍の影響がある。公共図書館が休館に追い込まれたり入場が制限されたりしたなかで、図書館には出向かずに本を読みたい利用者が増え、電子図書館への認知度が高まったことが大きい。

図書館向け書籍の販売や図書館の管理業務受託などがおもな仕事の図書館流通センターは、「図書館に行かないでも館内の資料や情報を利用できる仕組みづくりや、地域コミュニティの発展支援などにより、図書館に『知の伴走者』としての役割を果たすよう要望が強まってきた」（谷一文子社長――同社ホームページ）と説き明かす。

第6章　ネット時代、本に望む

1　画一・均質化、標準・規格化に抗《あらが》う

すべてがデジタルデータに還元される

「グローバル化とは何よりも情報の世界化だった。……（そしていま）進行しつつあるのは、ネット環境の『再組織化』である。……あらゆるメディアが情報通信技術（ＩＣＴ）によりプラットフォームへと再組織化され、……グローバル化した世界のあらゆる情報が技術的に秩序づけられていく」――東京大学名誉教授の石田英敬は日本記者クラブの講演で「デジタル多メディア時代のジャーナリズム」をテーマにかつてこう語ったことがある。（日本記者クラブ　二〇一三・一一・一八）

デジタル化にともなう昨今の状況について、石田は次のように言い表す。

あらゆる人間の痕跡は、リアルタイムで丸取りされてデータ化され、人間の生活世界はすべてがデータとなるような環境になってきている。……意味も意識も時間も、社会、政治もなにからなにまですべてがデジタルデータに還元されてしまう。……ソーシャルシステムにおいても同じだ。……情報プラットフォームの上でデジタルな「社会生活」を営むようになってきている。……あらゆる場面で痕跡が収集される環境では、あなたよりもあなたのデータのほうがあ

なた自身をよく知っている。……個人（individuals）の生をデジタルな可分子（dividuals）と化すテクノロジーが人々を包囲している。……あなたはいたるところで……ネットにつながれている。（石田・東浩紀『新記号論』ゲンロン　二〇一九）

このような流れの底には、ＯＭＯという思考法や取り進め方がある。

ＯＭＯは「オンラインとオフラインの統融合（Online Merges with Offline）」を指す。本に限らず、様々のモノやサービスはオフライン、つまり実店舗で現物を手に取って買ったり利用したりするだけでなく、オンラインつまりスマートフォンやタブレットを使っていつでも、どこからでも購入し活用できるように変わってきた。

利用客側は実店舗であろうとネットであろうと、その時々で最も便利で使いやすいやり方で商品やサービスを求めるようになった。

ＯＭＯはオン・オフをただつなぎ合わせるのではなく、あくまでもオンラインを基本に置いたうえでオフとの統融合を考える、というものだ。

各個人は、統融合されたオンライン・オフライン上でネットに組み込まれ、それぞれ単なるデジタルデータの結節点（ノード）となり、情報の出し手や受け手として存在し機能することになる。

そこでは個人は生身の人間、つまり生命体として意志や感情を持つ存在としての人間の姿は消え失せている。

しかも例えばＡＩのチャットＧＰＴが作る文章は、「ユーザーの使いやすさに重点が置かれ、凡庸な言葉を紡ぎ出す。……皆がそれに頼るようになれば、言語は次第に標準化されていく。『以心伝心』『背中で語る』といったコミュニケーション文化は廃れてしまう」と指摘するのは、東京大名誉教授の西垣通。「芸術も同様で、芸術家たちは自身の感覚や体験をもとに『これを表現したい』と作品を生み出してきた。それが……ＡＩ頼みでは、音楽も詩も、絵画もとかく標準化されてしまう」と懸念する。（読売　二〇二三・一〇・二二）いずれもデジタル化にともなう新たな画一化であり、均質化である。

ネットやウェブのデジタル環境のもと、個人は情報やモノ・サービスにふんだんに取り囲まれており、そのなかから必要なものを選び取り、利用できるようになったのは確かだ。

だが、筋斗雲《きんとうん》にまたがり自在に空を駆け巡ったはずの孫悟空が、踏ん張ったところで所詮お釈迦様の手の平から抜け出せなかったのと同じような境遇に、デジタル時代の私たちは置かれているのではないか、という気がする。

だいぶ時代をさかのぼるが、明治の文豪夏目漱石は持ち前の文明批判を展開するなかで、つとに、文明のもたらす画一化や均質化についてこう指摘していた。

汽車程《ほど》二十世紀の文明を代表するものはあるまい。……何百という人間を同じ箱へ詰めて轟《ごう》と通る。情け容赦はない。……人は汽車へ乗ると云う。余は積み込まれると云う。人は汽車で行くと云う。余は運搬されるという。汽車程個性を軽蔑したものはない。文明はあらゆる限りの手段をつくして、個性を発達せしめたる後、あらゆる限りの方法によって此の個性を踏みつけようとする……と云うのが現今の文明である。……余は汽車の猛烈に、見界《みさかい》なく、凡《すべ》ての人を貨物同様に心得て走る様を見る度に、客車のうちに閉じ籠められたる個人と、個人の個性に寸毫の注意をだに払わざる此の鉄車とを比較して、――あぶない、あぶない。気を付けねば危ないと思う。現代の文明は此のあぶないで鼻を衝かれる位充満している。(「草枕」ほか『漱石全集』第四巻 岩波書店 岩波、新潮文庫)

なじむことが困難だった英国ロンドンの留学生活を反映してか、漱石は西欧文明にとかく批判的だったとされるが、その眼力で「鉄車」にいち早く着目し、文明の本質であり一つの悪弊ともいえる画一化や均質化について、「あぶない、あぶない」と一〇〇年以上も前に、警告を発していた。

それから一世紀、事情や環境はまるで異なるものの、グローバル化が進み、デジタル化に拍車がかかって、画一化や均質化の「あぶない、あぶない」の度合は高まり、暮らしの広い範囲に及び、「鼻を衝く」までになってきた。

ぬるま湯につかっていたカエルが、気づいてみたらいつの間にかゆでガエルになってしまいかねないところまできている。

漱石自身はどう対応したのか。

時の文明の流れから一歩身を引いて、「ただ人の尻馬にばかり乗って空騒ぎをしているようではははなはだ心元ないことだから、そう西洋人（文明人）振らないでもよい」のだとして、「自己本位」の四字を身上《しんじょう》に据えようと悟り、「新たに出立《しゅったつ》していく」ことを決めた。

西洋文明に対応するのに、あれこれ迷ったり、右顧左眄《うこさべん》したりすることなく、きっぱり「自己本位」で臨もう——そう漱石は腹をくくったのである。

漱石は「その時、私の不安は全く消えました。……多年の間懊悩していたが、……ようやく自分の鶴嘴《つるはし》をがちりと鉱脈に掘り当てたような気がしたのです。……今まで霧の中に閉じ込まれたものが、（この四字により）ある角度の方向で、……自分の進んでいくべき道を教えられたことになるのです」と心の内を伝える。

「自己が主で、他は賓（客）である」という漱石の「自己本位」の信念は、むしろ「年を経るに従ってだんだん強くなって」いき、「私に非常な自信と安心を与えてくれ、……私はその引き続きとして今日なお生きていられるような心持がする」と明らかにし、「他の存在を尊敬すると同時に自分の存在を尊敬する」という立場から、それを「私の個人主義」と呼んだ。（「私の個人主義」『漱石全集』第二一巻　岩波書店、講談社学術文庫ほか）

ややもすれば、グローバル化やデジタル化への対応にあたふたしたり、おたおたしたりしがちな今日の私たちに、一つの方途を指し示す。

2　個性を大切に

「人生は一度限り」ノーベル賞受賞記念講演――ヨシフ・ブロツキー

ロシア生まれの詩人で、一九八七年にノーベル文学賞を受けたヨシフ・ブロツキーは「私人」と題する受賞講演で以下のように語った。その講演は日本語に翻訳出版されており、比較的たやすく内容を手にすることができる。

個人的な営みの中でもっとも平明な形であると同時にもっとも古い形のものとして、芸術は人間の中に、知らず知らずのうちに、自分が独自であること、個的であること、単独であることの意識を育みます……。芸術は……どう転んでも結局、自分が個別で、独自な、二つとない存在であるという感覚を持つように人間を鼓舞し、人間を社会的動物から個人へと変身させるのです。……この唯一のチャンスを他人の外見、他人の経験の模倣のために、浪費してしまったらさぞ悔しいことでしょう。

わが人類、ホモサピエンスの歴史において、書物の出現は、車輪の発明にも比すべき人類学的な現象です。……ページをめくる速度によって空間の中で経験を移動させる方法……なのです。そしてこの移動は人間と共通の公分母で括ろうとする考え方からの逃走となります。……この逃走は、『皆と違う顔の表情』の方への逃走、分母から分子への、個人であることへの、私的な存在への逃走に他なりません。（『私人――ノーベル賞受賞講演』沼野充義訳　群像社）

「詩人と戯曲」（沼野充義訳　ブロツキーの戯曲『大理石』の訳者あとがき）等によると、その経歴はあらまし次のようなものだった。

ブロツキーはソ連（現ロシア）のレニングラード（現在のサンクト・ペテルブルク）でロシア語を話すユダヤ系の家庭に生まれた。一家の生活はつましかった。

十五歳のとき、ある日突然学校の授業中に席から立ち上がって校門を出て行き、二度と学校に戻ることはなかった。その後も正規の学校教育は受けることなく、独学で英語やポーランド語を習得した。

学校をやめてのち、旋盤工場、刑務所の死体置き場、病院、船舶のボイラー室など様々な職場を転々とした。その間、一九世紀ロシアの詩人パラティンスキーの著作集に出会ったのをきっかけに、詩や文学の世界に心身ともに没入し、読書に明け暮れた。うず高く積み上げた本の山に埋もれたアパートの一室で、ブロツキーは懊悩の若き日々を送ったという。

ソ連政府から一九六四年、共産主義社会建設に何の役にも立たない「徒食者」との烙印を押され、裁判にかけられた。

判決により強制労働に従事したが、自由の身になって後、亡命、七七年に米国市民権を獲得した。それまでの詩作活動が認められ、ノーベル文学賞を受賞したのは、一九八七年のことである。

ブロツキーはわが身を顧《かえり》みて、書物や芸術の力も借りながら、一度きりしかない自分の人生を世界でたった一つしかない存在であるように励むよう、強く呼びかけたのである。

「イノチという自分だけの素材　娘達への手紙」——檀一雄

境遇や置かれた立場はまるで異なるものの、各自の一回限りの人生は他と取り換えできない貴重なものであり、「たった一つの独自の存在である」ように努めることがどれほど大事なことか説いたのが、作家・檀一雄である。

『火宅の人』（新潮文庫）を書いた檀は放蕩無頼の人という印象が強いが、家ではやさしい父親であったという。

長女で女優の檀ふみ等に宛てた「娘達への手紙」（『海の泡』講談社文芸文庫所収、『檀一雄全集』第八巻　沖積舎）に檀はこう書いている。

……おろかな父から、人生の門出に向う娘達への手紙である。……人生とは、なんだろう。／たとえば、お前達は、庭先に群をなして、這っているおびただしい蟻の列を見る。指でひとひねりすれば、それでコトキレ、一瞬にして、蟻は死ぬ。あたりは、空漠であり、その空漠の中に、壊滅されたものが、なんであったか……、解答はまったくない。／われわれ、ひしめいているる人間のひとつひとつのイノチのありようも、まったく、これとおなじである。……／悲しいけれども、人間は、たったこれだけのものである、……ということを、まず知るべきだろう。いや、必ず知ることになる。……／まことにみじめではあるが、私達一人一人に、イノチという自分だけで育成可能のなんのよごれもない素材が与えられている。／お前達一人一人は、そのよごれのない一つずつの素材を与えられた、芸術家であり、教育者であり、いってみれば、自分自身の造物主であり、いや、ちっぽけな、あわれな、神ですらあるだろう。……／みじめな人生ではあるが、その人生を自分なりに、生きおわらせてみなさい。後悔するよりも、やり直してみることだ。／マイホームというような幸福の規格品があって、それを、デパートで買うような気になったら、めいめいに与えられているイノチの素材が、泣くだろう。／敗れても、自分自身の造物主であり、地にまみれても、自分自身の神ではないか。

「マイホームというような幸福の規格品」などとは埒外《らちがい》の生き方を生涯貫き通した人間の言い分であるだけに、説得力がある。

そこからは、画一化や均質化に背を向けて生きた男の、そしてわが子の充実した人生を願う厳しくも慈愛に満ちたごく普通の父親の姿が静かに、だが雄弁に立ち上がってくる。

3　自己にこだわる

朝起きてから寝るまで、いや寝ている間も含めて、膨大な量の情報やデータが途切れなく押し寄せてくる。と、ともに私たちの暮らしの一挙手一投足が刻一刻データとして把握され、ビッグデータの一構成要素として取り込まれる。

情報を収集する効率や共有するスピードは飛躍的に上がったが、それらの情報の多くはエディターシップによって洗練されることもなくてんでばらばらのまま私たちに提示される。

芥川賞作家の上田岳弘に言わせれば、「（ネット上では）大事な意見とさまつな意見の判別がつきにくく、全体としてみると何も言っていないのと等しい。ネットは巨大な『無』と同じだ」。（「令和の知恵をひらく」日経　二〇一九・五・二二）

このような状況に、私たちはどう向き合えばよいのか。

上田は、「自分は何にこだわり、何が気になっているかを自問し、そこを起点に情報を探らなくてはならない」とし、そして初めて「私たちはサーバーに蓄積された情報に能動的にアクセスでき、自己決定権をみずからの手に取り戻すことができる」と指摘する。

そのような姿勢でネットに向かうことにより、そこには膨大な情報があるといいながらも、「こぼれ落ちるものが逆にはっきり見えてくる。……『会いたい』という思いや、実際に生身の人間に会ったときにわき上がる感情は、ネット上のコミュニケーションでは決して得られない」と上田は説く。

コロナ禍のもとにあって、SNSやメールの交信、ズームによるネット上のやり取りは重宝しながらも、「ひと目だけでも顔を見たかった」「自分の思いをひと言でも直接相手にぶつけたかった」という切ない気持ちは、確かに私たちの間にいまでもありありと残っている。

「知識」よりも「叡智」

グーグルで検索をかけたりしてネットで探せば、たいがいのことはともかく答えを見つけられる状況のもとにある。そのような「知識は『分かる／分からない』の世界のことだから、より多く分かったほうがいい。」だが「……私は知識よりも『叡智』のほうに興味がある」と明言するのは、批評家の若松英輔。

叡智とは、辞書上の意味としては、「深遠な道理を悟り得る優れた才知」（広辞苑）ないしは「物事の本質を見通す深くすぐれた知性」（新明解国語辞典）のことだ。

ネット上に転がっている情報や知識をいくら寄せ集めたところですぐに答えが出てくるような代物ではなく、「叡智は、自分にとって答えが分からない問いを、自分の経験で深めていくことで身についていく」と若松はきっぱり言い切る。（「沈黙のすすめ——ＡＩ時代のことば力」「中央公論」二三−七月号）

さらに若松は、「ＡＩは人工知能と言うとおり、改良や改善のように〈頭〉の仕事をする。しかし、創造的なものを生むのは頭ではなく、〈心〉やそのさらに奥深くの〈魂〉による仕事であり、……心や魂は、他者とふれ合い、分かち合う中で生まれてくる。……私たちが生きていくうえで大事なのは、答えをいち早く見つけることではなくて、自分の本当の問いに出会うこと」と言い放つ。話題のＣｈａｔＧＰＴにしたところで、「ＣｈａｔＧＰＴが語ることは、電源を切れば消える。でも人間として生きる自分の苦しさは消えない。その苦しみこそ真実だ」と唱える。

「深遠な道理を悟り得る優れた才知」ないしは「物事の本質を深く見通すすぐれた知性」である叡智は、自ら工夫して獲得していくほかないが、そのための先導役や補助役としてごく身近にあり容易に手にできるのは、様々のメディアのなかで何といっても本である──若松はこう断言する。

このような場面で本の効用を生かせるというのは、本にとっても望ましいことだ。

本来なら読書や音楽を聴く、画を見るなどの「自我の時間は、深い時間、持続の時間……という特徴をもつ時間である。ある本に没入し、音楽を聴き、絵画の視覚領域に入りこむ。その度合いに応じてわれわれは『今、現在』を譲り渡して、それを（本の）内容、感覚、専心と交換する」──米スヴェン・バーカーツは『グーテンベルクへの挽歌』でこう指摘する。

さらに言葉を重ねて、バーカーツは次のように論じる。

（読書は）それぞれの思い出とともに、……その本の香り、それが包んでいる濃密な現実らしきものを再経験するばかりでなく、たといごく束の間であれ、自分の読書にまつわる独特の状況——電車の内部、古い住居（アパートメント）のお気に入りの椅子、長い、わびしい夏の雰囲気をも再生する。

……（こうした）一続きの途切れない主観的没入はいっそうまれになり、ついにはまったく消滅してしまうかもしれない。ネットワーク意識の達成は、良かれあしかれ、多くのことを意味するだろうが、それは間違いなく、まじめな読書に必要とされる……内面性の衰退をまねくだろう。

バーカーツはミシガン大学を卒業後、新書・古書店に勤務する傍ら文芸の創作、評論に携わり、やがて文芸評論家として「ニューヨーク・タイムズ」などに評論、書評等を執筆する「米国気鋭の文学者の一人」（訳者あとがき）とされる。本のタイトルが「グーテンベルクへの挽歌《ばんか》」とあるように、本の未来や読書の今後の行く末について見方は慎重であり、決して楽観していない。

もちろんデジタル化やネット化は、世間に数知れない便益を与え、それまでは不可能だった新しいモノやサービスをもたらしてくれた。芸術やエンターテインメントでも新しい境地を拓いてくれた。

しかし、それにともなう「画一化」や「均質化」、「規格化」や「標準化」によって削《そ》ぎ取られたものをどうにか救済できないのか。

バーカーツは、「書物は……コンピューターと直結しないデータ処理方法である『オフライン』でやる方法として、……避難港とみなされるだろう。……ある本に没入し、音楽を聴き、絵画の視覚領域に入りこむ。……自我の時間は、深い時間、持続の時間、本質的に忘却可能だという特徴をもつ時間である」と指摘し、「希望的な観測かもしれないが」と断りながらも、画一化や均質化を遠ざけるための手立てとして、「芸術、とりわけ（本による）文学の真の可能性を見る」と説く。

画一化や均質化、デジタル化が進むなかで、本こそが「避難港」として、それを回避する手助けになる、と強調する。

ブロツキーは先に引用したノーベル賞受賞講演で、個人や個別性について、「文学という芸術が何かを教えるとすれば、それは人間の……個人性です。個人的な営みの中でも、もっとも平明な形のものとして、芸術は人間の中に、知らず知らずのうちに、自分が独自であること、個的であることと、単独であることの意識を育みます」と唱え、「人間に課された仕事は何よりもまず、自分自身の人生を生き抜くこと、人生は誰にとっても一度限りのものであることを意識すべきである」と主張した。

そして「書物はページをめくる速度によって空間の中で経験を移動させる方法であり、人間と共通の分母で括《くく》ろうとする考え方からの逃走となる。……この逃走は皆と違う顔の表情への逃走であり、分母から分子への、個人であることへの、私的な存在であることへの逃走にほかなりません」と論じた。

本の持ち味を生かした画一・均質化を回避する一つの術《すべ》である。

『ホモデウス』を書いたユヴァル・ノア・ハラリは、「自分のオペレーティングシステム（OSコンピューターを動かすために欠かせない基本ソフトウエア）」をもっとよく知るために必死に努力する必要がある」と言い立てる。「自分は何者か、そして人生に何を望むかを知るために。……〈汝自身を知れ〉は、昔からある古い助言だ。哲学者や予言者は何か年にもわたり、人びとに自分自身を知るよう促してきた。だが二一世紀ほど、この助言の実行が急を要することはなかった」と指摘する。（『21世紀の人類のための21の思考』柴田裕之訳　河出文庫）

石田英敬は次のように唱える。

（今のような）時代に求められるのは思想の力である。ひとは思想をもつことで困難な状況のなかに立つことができる。思想はファッションのように選ぶことができるものではない。……思想はあなた自身が自分でつくるしかない。そのためには、……カントやフロイトやスピノザといった先人たちの書を読み、かれらの思想の問いのなかに入ることで対話を重ねることができる。（『新記号論』）

カントらの先人の書を挙げ、本が持つ意味や果たす役割をあらためて評価するとともに、本などの助けを借りて自分自身で思想を固めることの大切さを説く。

グローバル化やデジタル化にともなう画一化や均質化、規格化や標準化などに対応するには、もう一度ここらあたりまで立ち帰る必要がありそうだ。

それが自らの個別性や個性を確かめ、自分自身を見詰め直すきっかけとなり、画一化や均質化に抗う何よりもの手段となる。

本に即していえば、ネット上に情報が洪水のように溢れかえるなかで、まず本はエディターシップによって磨かれ、アフォーダンスにより固定された確固とした情報が読み手に提供される。時には標準化や画一化の大波や情報津波から読者の身を守る「避難港」としての務めも果たす。

本は、読者にとって、各自の人生のかけがえのない里程標ともなり得る。そのマイルストーンを踏まえて、読者は来し方を振り返り、はるか先を見渡すことができる。

次節に後述の「要白」や「クオリア」など、デジタル化やネット化によって埋め尽くせないさまざまの事柄やできごとを見定めようとする際にも、本は先導役や補佐役を務めてくれる。

4　【要白】【クオリア】【間】【気配】――デジタルで解決がむずかしいもの

「〈目に見えないものの価値〉を評価する価値観、曖昧《あいまい》さを受容する精神構造、日本人の自然観なども、世界に発信すべきだ」――混迷の世の中にあって文化庁元長官の近藤誠一はこう持論を展開する。

近代西欧は科学主義、物質主義で説明できるものに価値を認め、文明を発展させてきた。しかし自然には目に見えない価値、科学では説明できないことがたくさんある。日本人は自然と一体になりつつ、目に見えないもの、耳に聞こえないものに価値を見出してきた。……西欧では曖昧さを排除し、黒か白かを割り切れないものをはっきりさせないと気が済まないが、日本人は割り切れないものをしっかり受け止め、丸く収める知恵がある。（日経夕刊　二〇一五・五・二三）

二〇二三年度の文化勲章を受章した東京大名誉教授の岩井克人は、最近のネット環境も踏まえたうえで、「ネットに取り込むことができない人間の領域がなんであるかを意識的に探り、独自の知識や能力、さらには情感を開拓していくことが必要だ」と強調、次のように述べる。

（人間は）生きていくためには同じように弱い存在である他人を必要とする。そこにイノベーションが生まれる場所があり、持続可能な社会にもつながる。……（すべてがネット上でデータ化される社会では）人と人の関係から生まれるサービスや商品が、最も貴重になる。……他人に

対する気遣いを高度に洗練してきた日本の文化はヒントになる。（読売夕刊　二〇二三・七・二八）

と、ネット社会を生きる一つの方策を指し示す。

近藤や岩井らが言う「ネットに取り込まれていない人間の領域や情感」とはどういうことなのか。確かにデジタル化されたりネット化されたりしていない「もの」や「こと」は少なくない。

様々なテーマや取り上げ方があると想定されるが、ここでは著者が考えるテーマについて、二、三、取り上げたい。

【要白】

「『余白ならぬ要白、意味のある空間』のことで、宗達はその技法に巧みであったという」――「要白」という言葉が読売・編集手帳で紹介された。（二〇一五・一一・二五）

単なる余白ではなく、あくまでも、「描かれていない」ことに思いが込められた「白」である。

「風神雷神図」などで名高い近世初期の画家俵屋宗達が、その技法に巧みだったとされる。

二〇一五年に開かれた「近代京都画壇の名品にみる日本画余白の美」展で、京都市学校歴史博物館は次のように掲げた。

日本美術の歴史のなかで画家たちが大切にしてきたことがある。それは「余白」に詩情を込めるということだ。背景を細密に描きこみ、科学的な目で空間を再現する西洋の表現とは異なり、日本の絵画は「描かない」余白に大きな意味をこめて空間の「遠さ」や「広がり」などを表現する。

このようなねらいに沿って、橋本関雪「波にかもめ」、竹内栖鳳「虞美人草」、上村松篁「鴛鴦《えんおう》」などの作品が一堂に展示された。

書家であり同じく二〇二三年度の文化勲章を受けた日本書道文化協会会長の井茂圭洞は、「『要白の美』をもとめて」として兵庫県公館県政資料館でかな文字を中心とする作品展を開いた（二〇一二）。

「文字の線と線の間に生じる白い部分に『かな』の造形美が左右される。ふつうはそれを余白というが、私は（兵庫県立高校時代に出会った）師の深山龍洞から『余った白』ではなく『必要な白』なのだから、『要白』というべきだと教わり『要白』と言っている。『要白』を大切にすることや曲線美への感性が『日本人のこころ』であり、『かな』の美でもあると思う」（「ぶんかる」文化庁広報誌　二〇二一・一一・三〇）――井茂はこう述懐する。

要白――。

桃山時代に長谷川等伯が描いた六曲一双の「松林図屏風」について俳人長谷川櫂は『和の思想　異質のものを共存させる力』（中公新書）のなかで次のように説く。

この屏風は白い紙の地の上に濃淡の墨によって遠く近くたたずむ松が描かれていて、眺めているうちに松林の霞の中をそぞろ歩いているような気がしてくるのだが、この画家は松を描こうとしたのではなかったのではないかとしだいに思われてくる。……見る人の心をもっとひきつけているのは松と松のあいだの空間、霞の垂れこめる余白であることに気づくからである。……いくら名人とはいっても霞だけを描くことはできない。……霞を描くために松を描いたのではなかったろうか。つまり松は霞を引き立てるために描かれた。屏風に描かれているのは数本の松だが、この絵の主役は松のまわりの朦朧《もうろう》と霞む余白である。

さらに長谷川は西洋のセザンヌを引き合いに出して、

セザンヌの絵はこんな感じはまったくしない。……セザンヌの絵も晩年になるほど、山も岩も松も輪郭は薄れ、色のみとなって朦朧となるところはよく似ているが、画面は塗りこめられて余白がない。最晩年になると、塗り残しさえあるのだが、あくまでも主役はサント・ヴィクトワール山であり、そこの岩であり松であるし、やはり塗り残しは塗り残しにすぎない……。

このような相違は何によるのか。

「おそらく余白や沈黙というものに対する日本と西洋の考え方の違いが横たわっている。……（西洋では）芸術家は全能の神のように絵を創造するのだから、その手の及ばない余白など決してあってはならない。『松林図屏風』で等伯が描いた松の間のいきいきとした余白などはじめからありえないのだ」と長谷川は付け加える。


「目立たせる＝盛る、ではない　削り落とすことで目立たせる」

「余白を作って、伝えたいことを目立たせる」

「余白があるから、情報が引き立ち、余白があるから、洗練されて見える！」


として、余白の大切さをテーマにした本も出てきた。インジェクターイー編著、二〇一八年ソシム発行の『けっきょく、よはく。──余白を活かしたデザインレイアウトの本』もその一つ。

余白を使ったポスターやパンフレット、メニューなどのデザインレイアウトを具体的に数々取り上げる。

そこに繰り広げられたデザインを一つひとつよく眺めると、この本から「余白＝洗練」というメッセージが確かに伝わってくる。

【クオリア】

ニュートンは、リンゴが落ちるのを見て、万有引力の法則を構想したと言われている。……そのものはや伝説化した着想の結果、ニュートンは、そして人類は、新しい世界の見方を手に入れた。この世の全ては、数で表せる。世界の中の物質の位置は、数で表せる。その重さも数で表せる。その、数と数との関係が、方程式で書ける。そのような数と数との関係で、この世界の物質の客観的なふるまいは、全て書き尽くすことができる。これが、近代における、科学的世界観だったのである。……人間の経験のうち、計量できないものを、現代の脳科学では『クオリア』（感覚質）と呼ぶ。——

「クオリア」について、脳科学者の茂木健一郎は『脳と仮想』でまずこう説き始め、続けて次のように述べる。

人間の経験の範囲は非常に広い。合理的な経験ばかりではない。あいまいな経験、計算することのできない経験もいっぱいある。むしろほとんどの生活上の経験は合理的ではない、といってよい。しかもその経験の中には、感情や想像などいろいろなものが入っている。それを計量的な経験、勘定でき、計算することのできる経験だけに絞った。それがいまの「科学的世界観」である。

赤い色の感覚、水の冷たい感じ、そこはかとない不安。ゆるやかな予感。私たちの心の中には、数値化することのできない、微妙で切実なクオリアが満ちている。……意識の中で、この現実の世界には存在しない、様々のものを仮想することができる。……科学は数値にできる客観的な物質の変化を扱う。クオリアに満ちた主観的な体験は、それを定量的なデータに翻訳して初めて科学の対象となる。その過程で……私たちの体験のほとんどの部分は抜け落ちてしまう。

そして、

「世界に関する知識を疑い、疑いつめていった時、そこに現れる唯一の確実なことは、そのようにものを考え、感じている『私』だけである」

「『私』が『今、ここ』にあることだけは、疑いようがない。物質がどうあろうと、……およそこの世界の中で、意識を持って息づいている『私』の『魂』があること以上に、確実なことはない」

——と言い放つ。

私たちの心のなかに、浮かぶ仮想には、どうやら限界がない。仮想の世界の中で、私たちはそれをまともに見れば立ちくらみがするほどの無限と向き合っている。……IT全盛の現代でも、言葉という形で、あるいは、言葉にならない思念や感覚という形で、私たちは太古からの仮想の系譜を引き継ぎ、そして広げようとしている。インターネットの上にデジタルデータとして顕在化した情報など、人間の精神が向き合っている仮想の広がりの、ごく一部分にすぎない。
(『脳と仮想』)

それが、クオリアについての茂木の主張だ。ここでは、「画一化」や「均質化」などの論議を軽くひと超えしている。

【間】

間や間合い――ふだん日本語でよく使われる。

間は、ある一定の距離や間隙を指している……。「間があいた」「間に合う」「間をおく」「間違い」「間が持てない」などがすぐに思いつく用法であるし、慣用的な表現となればさらに数が増える。……間合いとは、相互に間を変化させられる、すなわち、合わせる能力を持った者同士にしか、あてはめられない概念である。……間は、絵画における空隙、建築や庭園における空間、音楽における空白や拍子など、日本の伝統的な技や芸術、芸能において最も重視される

要素である。（『間合い　生態学的現象学の探究』河野哲也　東大出版会）

「間抜け」「間が悪い」などといった身近な表現もある。

兼好法師は『徒然草（第五十五段）』で、よく知られる「家の造りようは夏をむねとすべし」と説いた。さらに「造作《ぞうさく》は用なきところを造りたる。見るも面白く、萬《よろず》の用にも立ちてよし」と続けた。「要白」で引いた長谷川櫂はこれを踏まえて、「この『用なきところ』とは絵画でいえば、余白にあたる部分、いわゆる間だろう。……一見何の役にも立ちそうにない空間を設ける方が、見た目もよく、かえって何の役にでも立つ」（『和の思想』）と、「間」が欠かせない存在であることを指摘する。

【気配】

そして「気配」である。

「エレベーターの中で知らない二人が無言でいるときと、灰皿の大きな台座が置かれたエレベーターに一人でいるときを比べると、明らかに違いがある。人と人の間の場合には気配があきらかに感じられるものの、人と台座、つまり人とモノとの間ではそれが感じられない。そのモノが台座ではなく人工のロボットだったらどうだろう」——こんなテーマで、日仏フォーラム「生きものの気配」が二〇一七年三月、東京・本郷の東京大学武田ホールで開かれた。

東大、東京芸大、東京農工大、多摩美術大、アンスティチュ・フランセ日本等の芸術家、彫刻家、ロボット研究者らが「人と人関係で感じる気配とは何か」「人とロボットの間の気配をどう作るか」などについて、意見を交わした。それぞれの立場から現状についての報告がおこなわれ、今後を展望した。特に結論を出すという会合ではなかったが、これからもこのような他分野にまたがる研究について問題意識を共有し、情報交換を続ける必要性について一致した。

気配とは、「周囲の状況から何となく感じられる様子。人や動物が近づいてくるとき、季節の変わり目、不穏なことが起こる直前など様々な時に使われることば。……無意識のうちに、五感で感じ取れるものである」（情報処理学会研究報告「視聴覚に依らない生き物の気配の提示」嶋田有里ほか二〇一一・三・一六）

体の中ではいつも微弱な電気が生じている。筋肉を動かす、脳が体に指令を出す、心臓などの臓器が働く、……といった場面でも電気的な信号が生れる。見えない電気のベールで全身を包み込んでいる。これが準静電界だ。気配のすべてではないにしろ、これが気配といわれるものの正体ではないか。——

とウェブマガジン「日経Gooday」は解説する。（二〇一五・七・一五）

準静電界は「非常に弱いので感知するのは難しいが、人間だけでなく、動物や植物など、生物すべてが持っている」という。準静電界を感じるセンサーとしては、聴覚をつかさどる内耳の「蝸牛《かぎゅう》」という器官や、体毛があげられるとしている。

NTTドコモとソニーは東京・晴海の東京ビッグサイトで「DOCOMO　オープンハウス　2020」を開催、その中で「気配を伝える」というテーマで展示や講演をおこない、注目を集めた。単に音声や映像で伝え合うのではなく、「遠隔地で互いに人の気配を感じながらそれぞれ安心して生活できる」をテーマに掲げ、見ることができないように仕切られた空間で「気配」として互いの存在を感じてもらえないか、という試みである。

人の行動をセンサーで捉え、部屋のなかを歩いたりカーテンに触れたりすると別の部屋にいる相手の空間に色がにじむように仕掛けをこらしたり、人の移動を音によって再現して、互いの動きが同調すると音が鳴るようにしたりするなど、相手の存在を実際に感じられるように工夫した。椅子に座ったときには、心拍数に近いリズムで椅子を振動させるといった仕組みも用意、さらに、香りが漂うようにもするなど、五感を通して相手の存在が感じ取れるよう試みた。（報道資料による）

イベント当日は展示ブースに行列待ちができるほど受け、体験者のアンケートでも「〈気配〉という身近ではあるものの、難しいテーマの面白い展示だった」と好評を博したという。

両社は今後5Gや次世代移動通信システムの6Gで、生活空間のなかでその場にいない人の「気配」を伝えるという技術的な可能性について、さらに開発を進めたいとしている。

ここにあげた【要白】【クオリア】【間】【気配】のなかでは、「気配」について最も早い時点で研究が進みそうだ。ＩＴという花形分野につながりやすく、そのままビジネスに結びつく可能性もあるからだ。


「要白」「クオリア」「間や間合い」——これらは、ふだん暮らしのなかでよく出くわす何気ないコトやモノばかりである。

ほかにちょっと思いついただけでも、「虫が知らせる」「胸騒ぎ」「相性がいい」「気合い」など、画一・均質化、標準・規格化、デジタル化などでは説明し切れない、推し量り切れないような「もの」や「こと」は、ふだんの暮らしのなかにもいろいろある。

まして、マクロの宇宙では、太陽系が属する銀河系に二〇〇〇億個の恒星があり、宇宙には同クラスの銀河がすくなくとも一〇〇〇億個以上ある（ＪＡＸＡ＝宇宙航空研究開発機構）とされるが、壮大な宇宙をかたちづくっているものやその仕組みはまだ十分明らかではない。

その一方、ミクロでは人間の生命体を構成している三七兆とも六〇兆ともいわれる微細で膨大な数の細胞やそれが営む生命現象がある。生命の心身が病んでいるときの医療方法なども、同様に十分解明し切れていない。

目を転じれば、例えば学芸・文芸・技芸・工芸・民芸・園芸・武芸など、カルチャーやアートの世界の奥義や深い境地など、デジタル化が進んでも、わからなかったり理解がむずかしかったりする「こと」や「もの」は数知れずある。

生命がデータの処理だけではつかみ切れなかったり、生き物がアルゴリズムのみでは量り切れなかったりする可能性もあり得る。

未知や不可知の事物があるのを、決して軽く見たり、ないがしろにしたりすべきではない。

あふれんばかりの関心や意欲は持ちながらも、このような状況には謙虚な気持ちを忘れずに臨みたいところだ。

このようなデジタルでわかり得ないもの、量り切れないものを補うのにも、本の存在はさまざまの形で読者に力を与え、導くのに手を貸してくれる。

デジタル時代であればこそ、本がいま再起動（リブート）し、その役割をいっそう果たしてくれるよう望みたい。

5　交錯期の活字・デジタルメディア、ともに享受

グーテンベルクは一四五五年ごろ、金属活字による活版印刷で「四十二行聖書」を印刷したと想定される。それまでヨーロッパでは、書物はすべて手で書き写す写本だったので、活版印刷の出現はまさに大革命であった。（樺山紘一編『図説　本の歴史』河出書房新社）

グーテンベルクによって創り出された「グーテンベルクの銀河系」は、生い立ちから五五〇年以上たった今日、デジタル化という新たな変革の波の真っただ中にあって揺らいでいる。

この交替は……活字印刷されたページの機構と習慣を離れて、エレクトロニクスのコミュニケーションへの信頼を特徴とする新しい世界へと向かう流れである。このような交替は……われわれの歴史において最初のことではない。すでにギリシャで、ホメロス後数世紀のソクラテスの時代に、支配的な口承文化は書記技術によって取って代わられた。そしてヨーロッパでは、別の画期的な転換が、十五世紀末にグーテンベルクが活版印刷を発明した後にもたらされた。いずれの場合も、長期の社会的影響は圧倒的であった。来るべき数年後のわれわれにとって、そうであるように。（バーカーツ『グーテンベルクへの挽歌』）

その起きつつある変化のあらましは、これまでに見てきた。

両メディア、いま峠に

見方を変えると、私たちはいま、後ろに退きつつある活字メディアとそれに交錯するように前進しつつあるデジタルメディアの双方の恩恵に浴すことができる恵まれた環境にある。

道でいえば、ちょうど峠にさしかかったところだ。

「峠」という漢字は「手向《たむ》け」から転じたとされる国字である。

山の坂道を上りつめたところ、ないしは山の上りから下りにかかる境で、旅人が道祖神に手向けをし、道中の安全を祈願することからきている。

手向けそのものは、遠く旅立つ人に別れや励ましの意味をこめて物を贈ること、あるいは贈った物を指す。

この峠では、活字メディアのよいところをとことん自分のものとして、次に残すべきものをしっかり見極め、と同時にデジタルメディアの優れたところを自分のものとして取り入れることが可能な絶好の機会である。

かりに活字メディアを「正」、デジタルメディアを「反」とすれば、活字・デジタル両メディアはそれぞれ自らの特徴を生かし、「正」「反」を踏まえた「合」の場へと止揚（アウフヘーベン）させることができる。

そのためには、ここであらためて紙の活字メディアを見直し、そのプラスとマイナスに思いをめぐらすべきだろう。

紙の本とデジタルが併存できるようにと、いましばらくはいずれのメディアとも、可能な限り工夫を重ねることが必要である。

的確で奥行きのある活字メディアの客観情報、双方向性のある検索可能で大量迅速のデジタル情報——それぞれ互いに相補性がある。
来し方を振り返り、往く先を見渡たす。険しい道のりだろうが、決してできないことではない。

第7章　本を超えて

1　関野吉晴・角幡唯介『赤毛のアン』

「紙に書かれた思考は、砂浜を散歩する人がのこした足跡に似ているが、けっしてそれ以上のものではない」――ショウペンハウエルはこう書き残した。（『読書について』赤坂桃子訳　PHP研究所）

さらに続けて「その人がどの道をたどったのかを見ることはできる。けれど、彼が歩きながら何を見たのか知りたかったら、私たちは自分で歩き、自分の目で確認しなければならない」と書き添えた。

先人が汗水流して書き残したものがそこに形あるもの、つまり書物として確かに残されて存在する、というのは喜ばしいことだ。本の価値を身に沁みて感じる。

江藤淳はこう認《したた》めている。

他人が生きたように生きるわけにはいかない。自分は自分なりに最初からはじめなければならない。万巻の書の著者たちが、友人に見えて来るのはこの事を観念した瞬間からである。彼らは唯一人として自分と同じ人間ではない。だから彼らが「友人」になる意味がある。（「旅と犬と生活と」）

そのうえでの「冷暖自知」である。

水が冷たいのか暖かいのかは、結局自分で直接飲んだり頭からかぶったりしてみなければわからない。

冷暖自知ということで言えば、次のような並外れた事例もある。探検家の関野吉晴はこう始める。


「古代の人たちと同じように暑さや寒さを感じ、風や雨、ほこりを受け止めて旅をしたいと思いました。自分の足で歩き、……トナカイのそりに乗り、ラクダの背に揺られる。飛行機や自動車みたいな現代的な移動手段は禁じ手にし、人と自然の力でゆっくり進みました。」(「グレートジャーニー　時代の証言者」読売　二〇二三・八・一〜九・一五)

アフリカで七百万年前に誕生した人類がはるばる南米に到達した五万三千キロの道のりを、関野は、「南米側から逆方向に進む〈グレートジャーニー〉に……足掛け十年、(さらにそこから)日本に渡った祖先の旅路をたどる〈新グレートジャーニー〉に……八年」と、ざっと二十年かけて踏破した。

一橋大学法学部を一九七五年に卒業、在学中に同大探検部を創設、アマゾン全域踏査隊長としてアマゾン川全域を下った。その後、「二十五年間に三十二回、通算十年以上にわたって、アマゾン川源流や中央アンデス、パタゴニア、アタカマ高地、ギアナ高地など、南米への旅を重ねた。その間、現地での医療の必要性を感じて、横浜市立大医学部に入学、医師（外科）となって武蔵野赤十字病院などに勤務、引き続き南米通いを続けた」（「関野吉晴オフィシャルサイト」）

一九九三年、アフリカに誕生した人類がユーラシア大陸を通ってアメリカ大陸へと拡散していった約五万三千キロの行程を、自分の脚力と腕力だけを頼りに遡行する「グレートジャーニー」に取りかかる。「南米最南端をカヤックで出発した後、足掛け十年の歳月をかけて（人類発祥の地とされる）アフリカのタンザニア・ラエトリに到着した」。

次いで「新グレートジャーニー　日本列島にやって来た人々」を開始、シベリア経由で日本の稚内までの「北方ルート」、ヒマラヤからインドシナ経由で朝鮮半島から対馬までの「南方ルート」を終了、二〇一一年にインドネシア・スラウェシ島（セレベス島）から沖縄県石垣島までの手づくりの丸木舟による四千七百キロ「海上ルート」の航海を終えた。

関野のグレートジャーニーの特色はなんといっても、「自分の脚力、徒歩、スキー、自転車、カヤック、および自分で操作できればという条件付きで動物（犬ぞり、馬、トナカイ、ラクダ等）の力を借りて移動した……。太古の人々が旅路で感じた暑さ、寒さ、風、匂い、埃（ほこり）、雨、雪に触れ、身体で感じながらゆっくりと進んだ」（『レジリエンス人類史』稲村哲也・山際寿一ほか編京大学術出版会）ことである。「飛行機や自動車など、現代的な移動手段を一切禁じ手にした」。

「(さらに海上ルートでは)旅に使う乗り物は、自然の中から素材を手に入れて自作する」という縛りを加え「航海用の船も、それを作るための道具も、一から作る」ことにした。

千葉県の九十九里浜で砂鉄を集め、自製の足踏み式「ふいご」で二〇キロの鉄塊を作り、五キロの鋼を手にした。奈良県の刀匠らの力を借り、オノ、ナタ、手斧《ちょうな》などに仕上げ、インドネシア・スラウェシ島に渡った。船の部材をつなぐシュロ縄も自作した。

島で、自製の手斧などをふるって木を伐りだし、中をくりぬいて遠洋航海に耐えるカヌーに仕立て上げた。「全長六・八メートルの不格好な(帆)船で……『縄文号』と名付け」た。

二〇〇九年四月、スラウェシ島から四千七百キロ離れた沖縄県・石垣島を目指した。途中、東日本大震災などもあり、石垣港にたどりついたのは、一一年六月。

四か月で終える計画だった日本までの航海は、三年がかりの長旅となった。(「関野吉晴オフィシャルサイト」、読売「時代の表現者」、『レジリエンス人類史』等による)

一九九九年植村直己冒険賞を受賞、武蔵野美術大名誉教授(文化人類学)でもある。

探検家でノンフィクション作家の角幡唯介《かくはたゆうすけ》も大がかりな踏査に乗り出した。

慶応大学に入学後、中退、早稲田大学政経学部に入り直し、探検部に入部した。

二〇〇一年にヨットで太平洋を航海後、ニューギニア島トリコラ山北壁を初登頂。〇三年、二十七歳で朝日新聞社入社。朝日退社後、ネパール雪男捜索隊に参加、チベットのヤルン・ツアンポー峡谷を探検、カナダ北極圏を徒歩で歩き抜いた。

『空白の五マイル　チベット、最大のツアンポー峡谷に挑む』で開高健ノンフィクション賞、大宅壮一ノンフィクション賞、『雪男は向こうからやってきた』で新田次郎文学賞などを受賞。

その角幡が「巨福《こふく》」（「臨済宗建長寺派会報」第一〇七号　二〇一八年）にこんな話を書いている。


（北極圏の）旅で痛切に感じたのは、GPSや衛星電話等の現代機器に頼り切ると、北極という大地の真の顔が全く見えなくなるという感覚だ……。

翌年の冬から私は「極夜」の北極圏の暗闇そのものを洞察する探検を掲げて、新たなプロジェクトに乗り出したが、この最大の試みは、GPSに頼らず闇の中で極夜探検を実現するというものだった。あくまで自然物を利用し、おのれの力で極夜状況を読み解かなければ、闇という外界現象に対する洞察は深まらない、と気づいたのである。

……最近たまたまハイデガーの『存在と時間』を読んでいるが、この二十世紀最大の哲学者が、自分と似たような考え方で実在論を展開していることに少し驚いた。他人事でないおのれの可能性とは、各人固有の状況を指し、その可能性に立ち向かうことによって人間の本来的な生は……切り拓かれていくという。……現在に忠実に対処することで、ハイデガー言うところの他人事ではない新しい可能性が生じてくるのである。

本として、ハイデッガーの『存在と時間』が顔をのぞかせる。

まったくの自身の力だけで「冷暖自知」を試み、文明の利器は脇に置いて新しい道を切り拓こうという二人のそれぞれの壮大な探検である。

関野、角幡いずれも、画一化や均質化、規格化や標準化などとはまるきりかけ離れた試みであり、挑戦である。

関野との対談のなかでゴリラの研究者で元京大総長の山極寿一は、「いまはグローバリズムによって世界が画一化されてしまっている。……画一化されることで多くの弊害も生じ、人々から多くの大事なものを失わせていく。だからこそ、ぼくたちはいま、自分とは何かを深く考え、家族やコミュニティー、独自の文化や社会といったものを掘り下げていかなければならない」(『人類は何を失いつつあるのか』山極・関野 朝日文庫)――と説く。

カナダ生まれのルーシイ・M・モンゴメリーが書いた『赤毛のアン』は幼い頃の愛読書としてあげられることも多い。

主人公のアンは「赤毛はきらわれる、と思い込んで」おり、「両親を早く失って、苦労してきたそばかすだらけで目の大きな子」である。

翻訳者の曽野綾子は、「わたしたちと同じような弱さをほとんど持ち合わせているアンが、どんなに、ゆたかな想像力と誠実さと気力とで、自分の道をきりひらき、青春をたのしんでいくかは、目をみはらせる」と解説する。

孤児院から引き取られてきたアンが、ケーキを作る際に調味料と間違えて痛み止めの塗り薬を入れてしまう大失敗をやらかした後、モンゴメリーはアン当人にこう述懐させる。

明日《あした》が、まだなんにも失敗をしていない新しい日だということはいいことね。……わたしにも一つだけましなことがあるのに気がついた？　……わたしはおなじ失敗を二度と繰り返さないのよ、ひとりの人間がする失敗には、かぎりがあるはずよ。わたしがぜんぶ失敗しつくしたら、失敗なんか卒業しちゃうわよ。そう思うと気が楽だわ。（『赤毛のアン』興陽館）

失敗をしでかしたのはもう過ぎ去った日のこと、失敗とは関係のない朝を迎える明日は、まったく違う新しい一日だ——というアンの切り替えは速やかで屈託がない。

読者が読む本にしたところで、それは本来「過去」を書き記したものであるのに違いはない。そこから先は、読者が「今日」や「明日」を自ら書き続けていくしかない。

まだ失敗のない新しい一日を生きていくのは、読者自身。

自分以外の誰でもない。

本の読み手こそが新たに筆を入れ、まっさらな白い紙を染めていくほかない。

2　歌会始「本」

新春恒例の歌会始は新年早々、皇居でおこなわれる。

二〇一四年に皇居・宮殿「松の間」で開かれた歌会始のお題は「本」だった。

二万を超える全国からの応募作から選ばれた一〇人の入選歌のなかに、次の歌があった。

この本に　全てがつまってる　わけぢやない　だから私が　続きを生きる

神奈川県の小林理央《りお》さんの作品で、年齢は入選者最年少の当時十五歳。入選作は年齢順に発表されるから、この歌は全体の最後に披露された。

歌ははっきり未来を志向している。強い意志がそこに見える。

歌会始入選の最年少の少女によって、それが歌われた。新年を寿ぐにふさわしい慶事だった。

本はいま、ここに確かにある。――それを踏まえて、さらに本の読み手の思い、前に向かう意志、怯《ひる》むことのない気力もまたいま、求められる。


（完）

おわりに

幕末の歌人・国学者に橘曙覧《たちばなあけみ》がいる。

もっぱら花鳥風月を歌に詠んでいた時代にあって、ふだんの暮らしぶりや住まい、食事、子どもたちのことなどをよく吟じた。

そのなかで「たのしみは」で始まり、「とき」で結ぶ『独楽吟《どくらくぎん》』が広く知られる。

たのしみは　艸《くさ》のいほり（庵）の　莚《むしろ》敷き　ひとりこころを　静めをるとき
たのしみは　妻子《めこ》むつまじく　うちつどひ　頭《かしら》ならべて　物をくふ時
たのしみは　朝おきいでて　昨日《きのふ》まで　無かりし花の　咲ける見る時
たのしみは　昼寝せしまに　庭ぬらし　ふりたる雨を　さめてしる時
たのしみは　ほしかりし物　銭《ぜに》ぶくろ　うちかたぶけて　かひえ（得）たるとき

本人の没後十年、長男の井手今滋が和綴じ・木版四冊の『橘曙覧遺稿　志濃夫廼舎歌集《しのぶのやかしゅう》』を編纂して世に問うた。

歌集は、明治になって和歌の近代化を推し進めた正岡子規により支持された。

「歌語として使われていなかった卑近な日常語を使いこなし、口語的な発想によって有りのままの生活を有りのままに歌い、……伝統的な詠風を打ち破って近世の歌壇に新しい歌風を樹立し、明治の和歌革新運動の先駆をなした」と評されたからである。(『橘曙覧全歌集』岩波文庫　解説　水島直文・橋本政宣)

一九九四年(平成六年)に天皇・皇后両陛下がご訪米の際、時の米大統領ビル・クリントンが晩餐会の歓迎スピーチで、曙覧の独楽吟を引いてこう述べた。

『たのしみは　朝おきいでて　昨日まで　無かりし花の　咲ける見る時』──。この歌は日本の歌人により一〇〇年以上も前に詠まれた。その伝える心は時代を超える。新たな日とともに確実に新しい花が咲き、ものごとが進歩して日米両国国民の友好が育まれよう。

曙覧は幼くして母、子どものときに父を亡くしたが、「権勢を望まず富貴を求めず清貧に甘んじ」(同解説)、二十八歳の時には異母弟に家督を譲って、隠居した。晩年には歌を通じて福井藩主である松平慶永(春嶽)公の知遇を得た。一八六八年(慶応四年)逝去。明治改元のわずか十日前のことだった。

独楽吟に触れたのは、全五十二首のうち、「書《ふみ》」、つまり本について詠んだ歌が数首あるからだ。

たのしみは　珍しき書《ふみ》　人にかり　始め一《ひと》ひら　ひろげたる時
たのしみは　そぞろ読みゆく　書の中《うち》に　我とひとしき　人をみし時
たのしみは　書よみ倦《う》める　をりしもあれ　声知る人の　門たたく時
たのしみは　世に解きがたく　する書の　心をひとり　さとり得し時
たのしみは　人も訪《と》ひこず　事もなく　心をいれて　書を見る時
（『橘曙覧全歌集』、福井市橘曙覧記念文学館ホームページ）

本を愛好し尊《たっと》ぶ本好きの橘曙覧の気持ちは、木版と活字本の違いや、百余年の今昔の隔たりを超えて、私たちにそのまますなおに伝わってくる。

本書は『雑誌よ、甦れ』（晶文社　二〇〇九年）、『本の底力』（新曜社　二〇一四年）に続く著者のメディア分野三冊目の著作である。幸いにも『本の底力』は読売、日経等書評欄におおむね好意的に取り上げられ、朝日の「ウェブ論座」では文化・エンターテインメント分野の一四年度ベスト5の中に選ばれた。アマゾンのカスタマーレビューでは票数は少ないものの両書ともこれまでに★4・6〜5の評価をいただいた。
今回の原稿執筆にあたっては、コロナ禍の真っ最中だったため、とりわけ取材面で影響を受けざるを得なかった。日頃、足場にしている日本記者クラブ（東京・内幸町）や日本外国特派員協会

（東京・丸の内）で開かれる記者会見、シンポジウム、セミナー等はめっきり減った。残念ながら個別取材も制約を受けた。

これらの刊行の間に、本、雑誌、新聞は変わった。電子メディアの伸長もあった。当然のことながら、それらに携わる人たちも移り変わっていった。

変わらないのは、それぞれの持ち場持ち場で、今日そして明日のために奮闘する若い人たちを含めた第一線の方々の、熱い気持ちと強い思いである。

「年年歳歳花相似たり　歳歳年年人同じからず」（唐・劉廷芝）

本文（第一〜七章）中、敬称は略させていただいた。また、碩学の方々の著書・講演・会見などから引用させていただいたが、真意と異なる形で使われた場合があり得る。併せて失礼をお詫び申し上げる。

上梓までに出版ニュース社元代表の清田義昭氏、丸善ジュンク堂書店の福嶋聡氏をはじめ多くの方々から助言や励ましを頂戴した。昨今の厳しい出版情勢のなかで、刊行の道筋をつけていただいた論創社・森下紀夫社長には感謝のほかない。

おもな参考文献（著者別・アイウエオ順）

アイセイ薬局「ヘルス・グラフィックマガジン」第四三号　二〇二二－三－一五
荒川洋治『文学は実学である』みすず書房　二〇二〇
荒俣宏『喰らう読書術――一番おもしろい本の読み方』ワニブックス　二〇一四
有島武郎『小さき者へ　生れ出づる悩み』岩波文庫　一九四〇、新潮文庫　二〇〇三
池井戸潤　日本経済新聞朝刊広告　二〇一四－一－一
池澤夏樹編『本は、これから』岩波新書　二〇一〇
井茂圭洞「ぶんかる」文化庁広報誌　二〇二二－一一－三〇
石田英敬『大人のためのメディア論講義』ちくま新書　二〇一六
――「デジタル多メディア時代のジャーナリズム」講演（日本記者クラブ）二〇一三－一二－一八
石田英敬・東浩紀『新記号論』ゲンロン　二〇一九
稲村哲也・山極寿一ほか『レジリエンス人類史』京都大学学術出版会　二〇二二
岩井克人　読売新聞夕刊　二〇二三－七－二八
インジェクターイー『けっきょく、よはく。余白を活かしたデザインレイアウトの本』ソシム　二〇一八
上田岳弘「令和の知をひらく」日本経済新聞　二〇一九－五－二一
梅棹忠夫「情報と文明」『梅棹忠夫著作集』第一四巻　中央公論社　一九九一

ウルフ、メアリアン『プルーストとイカ　読書は脳をどのように変えるのか？』小松淳子訳　インターシフト　二〇〇八
江藤淳「旅と犬と生活と」『江藤淳著作集』続四　講談社　一九七三
大原ケイ「アメリカ出版業界解説」HON.jp News Blog
落合陽一『魔法の世紀』プラネッツ　二〇一五
小野正嗣「故郷の凸凹を愛おしむ」読売新聞　二〇一五－一一－二〇
オルデンバーグ、レイ『サードプレイス』忠平美幸訳　みすず書房　二〇一三
角幡唯介「極夜探検」「巨福」（臨済宗建長寺派会報　二〇一八－第一〇七号）
樺山紘一編『図説　本の歴史』河出書房新社　二〇一一
川島隆太「日経ビジネス」「脳が必要とするのは人との関わり合い」二〇二一－一〇－一〇
川添愛「プロムナード」日本経済新聞夕刊　二〇二三－二－二八
北村匡平「手書きの温もり」日本経済新聞夕刊　二〇二三－六－一七
ギブソン、J．J．『生態学的視覚論』古崎敬・愛子ほか訳　サイエンス社　二〇一五（初版一九八五）
ギャロウェイ、スコット『GAFA――四騎士が創り変えた世界』渡会圭子訳　東洋経済新報社　二〇一八
熊川哲也「こころの玉手箱」日本経済新聞夕刊　二〇二一－三－二四
クリステンセン、クレイトンほか『イノベーションのジレンマ』伊豆原弓訳　翔泳社　二〇〇〇

小林秀雄『読書について』中央公論新社　二〇一三
河野哲也『エコロジカルな心の哲学――ギブソンの実存論から』勁草書房　二〇〇三
――――『間合い　生態学的現象学の探究』東京大学出版会　二〇二二
国土交通省「都市中央審議会・都市交通・市街地整備部会」報告　一九九七-六-九
小宮昌人ほか『日本型プラットフォームビジネス』日本経済新聞出版社　二〇二〇
近藤誠一　日本経済新聞夕刊　二〇一五-五-一三
齋藤孝『読書力』岩波新書　二〇〇二
境敦史、曽我重司、小松英海『ギブソン心理学の核心』勁草書房　二〇〇二
酒井政利「ミス日本グランプリコンテスト　二〇一八プログラム」
佐々木正人『アフォーダンス入門』講談社学術文庫　二〇〇八
佐々木裕一『ソーシャルメディア四半世紀』日本経済新聞出版社　二〇一八
里中満智子「私の履歴書」日本経済新聞　二〇二二-五-四
澤野雅樹「特集アフォーダンス」「現代思想」一九九四-一一号　青土社
沢辺均『電子書籍の制作と販売』ポット出版　二〇一八
塩尻公明『天分と愛情の問題』現代教養文庫　一九五四
篠田節子「ペーパーレス」日本経済新聞　二〇二一-一一-七
柴田博仁・大村賢悟『ペーパーレス時代の紙の価値を知る――読み書きメディアの認知科学』産業能率

大学出版部　二〇一八
澁澤龍彦『マルジナリア』小学館　二〇一五
嶋田有里ほか「視聴覚に依らない生き物の気配の提示」「情報処理学会研究報告」二〇二一－三－一六
清水幾太郎『本はどう読むか』講談社現代新書　一九七二
清水徹『書物について――その形而下学と形而上学』岩波書店　二〇〇一
シュリーマン、ハインリッヒ『古代への情熱――シュリーマン自伝』関楠生訳　新潮文庫　二〇〇四
――『同』池内紀訳　角川ソフィア文庫　一九九五
――『同』村田数之亮訳　岩波文庫　一九九一
――『トロイアへの道――シュリーマン自伝』氷川玲二訳　現代世界ノンフィクション全集　筑摩書房　一九七一
ショウペンハウエル、アルトゥール『読書について』赤坂桃子訳　PHP研究所　二〇〇九
スタインベック、ジョン・アーネスト『ハツカネズミと人間』大浦暁生訳　新潮文庫　一九九四
関野吉晴「グレートジャーニー――時代の証言者」読売新聞　二〇二三－八－一～九－一五
――『レジリエンス人類史』京都大学学術出版会　二〇二二
総務省『情報通信白書』令和元年（二〇一九）版、令和二年（二〇二〇）版など
高橋文夫『雑誌よ、甦れ――「情報津波」時代のジャーナリズム』晶文社　二〇〇九
――『本の底力』新曜社　二〇一四

――――「『マニフェスト　本の未来』書評」「出版ニュース」二〇一三－四月中旬号
立入勝義『電子出版の未来図』ＰＨＰ新書　二〇一〇
橘曙覧『橘曙覧全歌集』岩波文庫　一九九九
田辺聖子ほか『いつもそばに本が』ワイズ出版　二〇一二
田山花袋『田舎教師』岩波文庫　一九八〇、新潮文庫　一九五二
檀一雄「娘達への手紙」（『海の泡』所収）講談社文芸文庫　二〇〇二『檀一雄全集』第八巻　沖積舎
一九九二
津田大介・日比嘉高『「ポスト真実」の時代』祥伝社　二〇一七
辻原登「喪友記」日本経済新聞　二〇二二－四－一六
デミュルジェ、ミシェル『デジタル馬鹿』鳥取絹子訳　花伝社　二〇二一
――――文字・活字文化推進機構、出版文化産業振興財団主催「教育の急激なデジタル化の問題を考える」オンラインシンポジウム　二〇二二－一二－二四公開
電通メディアイノベーションラボ編『情報メディア白書』ダイヤモンド社　二〇二〇
徳富蘆花『自然と人生』岩波文庫　一九三三
トムリンソン、ジョン『文化帝国主義』片岡信訳　青土社　一九九三
外山滋比古『エディターシップ』みすず書房　一九七五
――――『新エディターシップ』みすず書房　二〇〇九
豊泉俊大「郵便ポストのアフォーダンスについての一考察」「共生学ジャーナル　第四号」二〇二〇－

〇三
夏目漱石『漱石全集』第四巻「草枕ほか」岩波書店　一九五六　岩波、新潮文庫
――『同』第二一巻「私の個人主義」岩波書店　一九五七　講談社学術文庫ほか
――『同』第三一巻「別冊上」岩波書店　一九八〇
――『同』第三五巻「補遺」夏目漱石　岩波書店一九八〇
西垣通「人間の知性、AIに宿らず」読売新聞　二〇二三-一〇-二二
日経Gooday「気配」ウェブサイト「日経グッデイ」二〇一五-七-一五
日経クロステック　ウェブサイト「日経クロステック」二〇二一-一〇-五
「日経ビジネス」「プラットフォームとは」二〇二一-六-二三
日本製紙連合会　二〇一九年一一月ウェブによる調査
根来龍之『プラットフォームの教科書』日経BP　二〇一七
ノーマン、ドナルド・A『誰のためのデザイン？　増補・改訂版』岡本明ほか訳　新曜社　二〇一五
野村総合研究所　ウェブ誌「NRIジャーナル」二〇二〇-五-一二
パーカー、ジェフリー・Gほか『プラットフォーム・レボリューション』渡辺典子訳　ダイヤモンド社　二〇一八
バーカーツ、スヴェン『グーテンベルクへの挽歌――エレクトロニクス時代における読書の運命』船木裕訳　青土社　一九九五

萩野正昭『電子書籍奮戦記』新潮社　二〇一〇
長谷川櫂『和の思想　異質のものを共存させる力』中公新書　二〇〇九
長谷川秀記「日本の電子出版　三〇年の軌跡」「情報管理」二〇一六－一二
ハラリ、ユヴァル・ノア『21世紀の人類のための21の思考』柴田裕之訳　河出文庫　二〇二一
パリサー、イーライ『閉じこもるインターネット』井口耕二訳　早川書房　二〇一二
ハンセン、アンディシュ『スマホ脳』久山葉子訳　新潮新書　二〇二〇
ハンチントン、サミュエル『文明の衝突』鈴木主税訳　集英社　二〇〇一
福嶋聡『劇場としての書店』新評論　二〇〇二
——「世界思想」「特集メディア・リテラシー」二〇一八－春号
藤井保文『アフターデジタル2――UXと自由』日経BP　二〇二〇
藤原智美『スマホ断食――ネット時代に異議があります』潮出版社　二〇一六
——『ネットで〈つながる〉ことの耐えられない軽さ』文藝春秋　二〇一四
プルースト、マルセル『プルースト評論選Ⅱ』保苅瑞穂編　ちくま文庫　二〇〇二
ブロツキー、ヨシフ『私人――ノーベル賞受賞講演』沼野充義訳　群像社　一九九六
——『大理石』(「詩人と戯曲」訳者あとがき) 沼野充義訳　白水社　一九九一
文化庁「ぶんかる」文化庁広報誌　二〇二二－一一－三〇
ペナック、ダニエル『奔放な読書――本嫌いのための新読書術』浜名優美ほか訳　藤原書店　二〇一五
編集手帳「要白」読売新聞　二〇一五－一一－二五

ポー、エドガー・アラン　『赤い死の舞踏会　付・覚書〈マルジナリア〉』　吉田健一訳　中公文庫　二〇二一
ボックス・ドットコム　「〈eブック（電子書籍）革命〉はやってこなかった」（https://www.vox.com/culture/2019/12/23/20991659　二〇二三－五－五参照）
マーコスキー、ジェイソン　『本は死なない』　浅川佳秀訳　講談社　二〇一四
マカフィー、アンドリューほか　『プラットフォームの経済学』　村井章子訳　日経BP　二〇一八
マクガイア、ヒュー・オレアリ、ブライアン　『マニフェスト本の未来』　ボイジャー　二〇一三
三嶋博之　「〝またぎ〟と〝くぐり〟のアフォーダンス知覚」「心理学研究」　一九九四－六
ミヒェルス、フォルカー編　『ヘッセの読書術』　岡田朝雄訳　草思社　二〇一三
村上陽一郎　『文明のなかの科学』　青土社　一九九四
群ようこ　「紙の本と電子書籍」　日本経済新聞　二〇二二－一－一六
茂木健一郎　『脳と仮想』　新潮社　二〇〇四
モザド、アレックス・ジョンソン、ニコラス　『プラットフォーム革命』　藤原朝子訳　英治出版　二〇一八
モラスキー、マイク・内沼晋太郎対談　国際文化会館会報「I－House」　二〇一五－冬号
森誠一郎　「EPAウェブ会報」　二〇一八－五－二七
モンゴメリー、ルーシイ・M　『赤毛のアン』　曽野綾子訳　興陽館　二〇二二

山極寿一・関野吉晴『人類は何を失いつつあるのか』朝日文庫　二〇二二
山本貴光『マルジナリアでつかまえて』本の雑誌社　二〇二〇
ユーリン、デヴィッド・L『それでも、読書をやめない理由』井上里訳　柏書房　二〇一二
横山三四郎『ブック革命　電子書籍が紙の本を超える日』日経ＢＰ　二〇〇三
吉岡洋『〈思想〉の現在形―複雑系・電脳空間・アフォーダンス』講談社選書メチエ　一九九七
吉本隆明『吉本隆明全集』六　晶文社　二〇一四
與那覇潤『過剰可視化社会』ＰＨＰ新書　二〇二二
ライトマン、アレックス『アンワイアード』村井純監訳　インプレス　二〇〇五
レイエ、ブノワほか『プラットフォーマー　勝利の法則』根来龍之監訳　日本経済新聞出版社　二〇一九
レヴィ＝ストロース、クロード『悲しき熱帯』Ⅱ　川田順造訳　中公クラシックス　二〇〇一
六光寺弦「特集反ウェブ論」「新潮45」二〇一三‐六月号
ワイズ出版編『いつもそばに本が』ワイズ出版　二〇一二
若松英輔「沈黙のすすめ――ＡＩ時代のことば力」「中央公論」二〇二三‐七月号

著者略歴

高橋文夫（たかはし・ふみお）

1961年に一橋大学経済学部卒。日本経済新聞ニューヨーク特派員、編集委員を経て、日経ＢＰ「日経ビジネス」「日経コンピュータ」発行人・局長、専務編集担当、日経ＢＰ出版センター（現日経ＢＰマーケティング）社長などを務めた。第一線を離れて、現在、日本記者クラブ個人会員・日本外国特派員協会正会員。著書に『雑誌よ、甦れ——「情報津波」時代のジャーナリズム』（晶文社　2009)、『本の底力』(新曜社　2014) ほか。

スマホ社会と紙の本

2024年5月20日　初版第1刷印刷
2024年5月25日　初版第1刷発行

著　者　高橋文夫
発行者　森下紀夫
発行所　論 創 社
東京都千代田区神田神保町 2-23　北井ビル
tel. 03（3264）5254　fax. 03（3264）5232　web. https://ronso.co.jp
振替口座　00160-1-155266
装幀／宗利淳一
印刷・製本／中央精版印刷　組版／フレックスアート
ISBN978-4-8460-2368-3